(par la Comtesse d'Aulnoy
Voyez Barbier.)

MEMOIRES DES AVANTURES SINGULIERES DE LA COUR DE FRANCE.

Dedié à Madame la Duchesse de la Ferté.

Par l'Auteur du Voyage & Memoires d'Espagne.

Augmenté d'une Troisiéme Partie.

PREMIERE PARTIE.
SECONDE EDITION.

A LA HAYE,
Chez JEAN ALBERTS,
Marchand Libraire prés la Cour.

M. DC. XCII.

LE LIBRAIRE
AU
LECTEUR.

Depuis peu de tems le Public a pris tant de plaisir à lire deux ou trois ouvrages qui ont paru d'un genie tout nouveau & si agreable qu'encore que celui-cy soit d'un autre genre que les autres, & par consequent d'un stile tout dif-
ferent,

Le Libraire au Lecteur.

ferent, neantmoins on ne doute pas que venant d'un même fons, il ne soit reçeu aussi favorablement que les autres qui ont precedé. Profites donc, amy Lecteur, de ce que tu vois icy, & me croy ton fidelle amy en mettant cet ouvrage au jour. Adieu pour peu de tems, tu me reverras bien-tôt, si cecy t'agrée & te plaît autant qu'à moy.

MEMOIRES

DES

Avantures Singulieres

DE LA COUR

DE

FRANCE.

Vous sçavés déja Madame ce qui se passa entre le Marquis de la Troche & moy ; comme l'entêtement que je pris pour luy m'obligea de trahir Mademoiselle de Loube qu'il aimoit, & qui m'avoit donné toute sa confiance,

A de

de qu'elle façon elle l'aprît, & enfin la violence que mes parents me firent pour me refoudre d'épouser le Marquis de Querdaniel. Je vous ay parlé auffi de la lettre que j'écrivis la deffus au Marquis de la Troche, & de la maniere dont mon mary m'enmena à la campagne où il me garda févérement, jufques à ce qu'il fût contraint de revenir à la Cour pour exercer fa charge.

Voila Madame ce me femble où je me fuis arrêtée & pour reprendre la fuitte de mon difcours, vous fcaurés s'il vous plaît qu'il reftoit peu de jours pour achever le Carnaval lorfque le Roy voulut aller en Flandre pour y continuer fes conquêtes. La charge de mon mary l'obligeant à le fuivre, il m'avertit qu'il partiroit dans peu, & je vous avoüe Madame que je reftay indeterminée, fi j'étois bien aife ou bien fâchée de ce départ. Il eft vray que je n'avois plus

plus rien qui occupât mon cœur, & que je n'envisageois point par l'absence de mon mary de prendre une autre conduitte que celle que je tenois ; mais faisant reflexion sur la sienne, qui étoit de me suivre par tout & d'être l'ombre de mes pas, cette contrainte me devenoit une gêene insuportable; & si quelque chose avoit pû servir à me rendre friponne, il n'auroit fallu que cela. Son équipage étant prêt, il partit au jour marqué, & je passay le reste du Carnaval plus tristement que je n'aurois souhaittée. Mais il falloit au moins garder les apparences, & comme toutes les femmes de qualité à cause de l'éloignement de leurs maris, n'alloient ni au bal, ni en masque, je n'avois garde de prendre plus de liberté qu'elles. Ainsi ayant peu de plaisirs, j'allois de tems en tems à Saint Germain faire ma Cour à la Reine. L'Hiver fût si rude, qu'une partie de la

chauſ-

chauſſée avoit été emportée par le débordement de la riviere, & peu de caroſſes y paſſoient ſans courre riſque de ſi rompre; c'eſt ce qui arriva au mien; un cachot fit rompre la fleche, & nous fumes obligées la Marquiſe d'Albret & moy de mettre pié à terre par le plus mauvais tems qu'il étoit poſſible. Le Marquis de Pont paſſa dans ce moment; nous reconnûmes ſes livrées & le fîmes arrêter pour luy demander place dans ſon caroſſe. Il étoit avec un homme que je n'avois pas encore veû & qui apercevant du monde, ſe couvrit le viſage de ſon manteau, mais quand nous fûmes entrées dans le caroſſe il nous ſalua fort civilement. Il demanda à la Marquiſe d'Albret qui j'étois. Je n'eus pas moins de curioſité pour luy qu'il en avoit eu pour moy; & le Marquis de Pont m'apprit que c'étoit le Chevalier de Chaſtillon, Capitaine des Gardes de Monſieur.

J'en

J'en avois déja assez entendu parler, pour n'être point étonnée de la bonne mine que je luy trouvois, quoi qu'elle fût propre à surprendre; & je dirois à toute autre qu'à vous que sa taille est haute & bien prise, les cheveux blonds, les traits réguliers, & les dents belles; il a l'esprit doux & agréable, & le caractere d'un fort honnête homme. Le combat qui s'étoit passé il y avoit peu entre le Comte de Fiesque & luy l'obligeoit à garder de grandes mesures, quand il alloit à St. Germain; desorte qu'en nous rencontrant il s'étoit caché de son manteau; mais enfin il ne pût me regarder longtems comme une personne suspecte, & ce premier moment d'entrevüe en fût un pour nous de Simpathie qui depuis nous a causé bien des peines.

La conversation n'eût rien de particulier entre nous quatre, nous arrivames à St. Germain, & aprés avoir fait nôtre cour la Marquise d'Albret & moi nous nous retirâmes ensemble. Le Marquis de Pont & le Chevalier de Chatillon vinrent nous demander à souper. Il arriva ensuitte beaucoup de gens, & le Chevalier voulut s'en aller; mais comme on commença à joüer à la bassette & que j'aimois déja mieux l'entretenir, que d'être du jeu il me donna la main, & nous passâmes dans mon apartement. Il ne me laissa pas en liberté de luy parler longtems de choses indifferentes, & il m'interrompit pour me dire, d'une maniere toute propre à persuader, qu'il se consolloit à present de la disgrace dans laquelle il étoit, puis qu'il avoit le bonheur de me connoître, & qu'il pouvoit m'assurer que je n'avois fait encore sur personne, en si peu de tems, de si grands progrés que sur luy. Il me pria ensuitte de souffrir qu'il me vint rendre ses devoirs à Paris, &

& je vous avoüe, Madame, qu'à mesure qu'il parloit, il me sembloit qu'un esprit de persuasion se joignoit au sien, de maniere qu'il m'auroit été plus difficile de lui refuser ce qu'il me demandoit, qu'il ne me fût aisé de le lui accorder.

Je revins de St. Germain aprés y avoir passé quelque jours. Le Chevalier vint me voir plusieurs fois, il me parla de sa passion & je l'écoutay avec plaisir ; mais m'ayant trouvée un soir plus melancolique qu'à mon ordinaire, il m'en demanda tendrement la raison, & je lui avoüay de bonne foy que j'étois alarmée d'avoir apris les engagements qu'il avoit avec Madame Daubray. Cette jeune veuve tres riche & qui l'aimoit avec le dernier attachement, quoy qu'elle ne fût pas belle & qu'elle n'eût que mediocrement d'esprit, lui auroit été un parti tres avantageux. Cependant il m'asm'asseura que si je voulois il ne la verroit jamais, & qu'après le sacrifice qu'il m'avoit fait de son cœur, il n'y en avoit point que je ne me deusse promettre de son amour & de sa complaisance. Je lui dis alors qu'il ne me connoissoit encore que peu ou point, & qu'il ne devoit point penser que je voulusse lui prescrire des régles particulieres pour me plaire. Que s'il étoit vray qu'il m'aimât son cœur prendroit assés mon party, & que s'il ne m'aimoit point je ne devois pas me mêler de ses affaires.

Madame Daubray qui avoit des espions en campagne fut bientôt avertie des soins que me rendoit son amant. Elle en prit une jalousie inconcevable, & dans sa fureur elle alla trouver la Marquise de Palvoisin mere du Chevalier de Chatillon, pour lui dire qu'elle ne vouloit jamais voir son fils, s'il ne rompoit avec moi. Elle le l'interessa aisément dans sa cause, parce qu'elle souhaitoit avec passion de voir son fils dans une fortune établie; & comme je vis enfin, par toutes les mesures qu'on prenoit, que j'étois sur le point de le perdre, je m'en voulus assurer par des témoignages d'estime & de confiance que je lui avois toûjours refusés. Il les reçeût avec une sensibilité qui me persuada, autant que la parole, qu'il m'en donnoit, qu'il me sacrificroit non seulement Madame Daubray mais toute la terre ensemble. Cependant comme je tiens qu'il ne faut pas tant aimer par raport à soi-même, qu'à la personne que nous aimons, je priay le Chevalier que puisqu'il trouvoit un interêt considerable à ménager cette maîtresse, il n'obmit rien afin de lui plaire. Il me le promit pour m'obeïr, dit-il, & sans autre veüe.

Le Comte de Fiesque que je connoissois depuis longtems, qui

ne s'étoit battu avec le Chevalier de Chatillon que sur quelques discours qui regardoient Madame Daubray, & qu'il pretendoit aussi épouser, n'avoit neantmoins pour elle que les apparences. Car la Duchesse de Sanserre & moy partagions ses soins, & à tout autre qu'a vous Madame je dirois encore que c'est un Cavalier bien fait ; quoi que sa taille soit moins haute que celle du Chevalier, elle n'en est pas moins aisée; il a les cheveux noirs, & trés-beaux, les dents comme des perles, les yeux grands & plains de feu, beaucoup d'esprit, il chante mieux qu'homme du monde, & quand il veut plaire il y réussit sans peine. Il n'en auroit donc pas eû une si grande à se faire aimer, sans que je trouvois desagreable de partager son cœur avec la Duchesse de Sanserre, quoi qu'une telle concurrante ne pût que me faire honneur. Il est des possessions qu'on

veut

veut sans dispute, & comme le Chevalier de Chastillon me servoit avec plus de fidelité il fût aussi le plus heureux. Mais il arriva une assés plaisante chose dans ce même tems; c'est que craignant tous deux d'être pris à cause de leur combat, ils se cachoient avec un égal soin, & venoient tous les soirs chez moi dans les chaises de place couverts de leurs manteaux. Le Chevalier étoit déja dans ma chambre, lors qu'une de mes filles voyant venir le Comte de Fiesque vint me le dire à l'oreille. Je le dis au Chevalier, qu'il me tenoit compagnie, & aussitôt il descendit par un degré derobé, & crût entrer dans sa chaise en trouvant une dans la Cour semblable à la sienne. Le Comte étoit à peine dans ma chambre qu'il en ressortit promtement, par ce qu'il entendit la voix de Monsieur le Duc de Crequi; il ne vouloit pas être veu, & trouvant aussi une chaise de place il se contenta de dire qu'on le portâ chez lui; de maniere que les porteurs du Chevalier le menerent chez le Comte, & ceux du Comte le porterent chez le Chevalier. Ils s'en aperceurent & s'étant éclaircis avec les porteurs, ils connurent bien la méprise qui s'étoit faite & que je les voyois tous deux. Ils me firent le lendemain de grands reproches, sur le secret que j'en avois gardé; mais les ayant assurés que c'étoit sans dessein, ils en parurent contents, au moins en apparence.

Le Comte de Fiesque avoit trop d'esprit pour rester incertain des sentiments qu'on avoit pour lui. Il s'aperçeût bientôt de ceux de préferance que je donnois au Chevalier de Chatillon, & quoique ce premier ne m'aimât pas autant qu'il auroit peu, il ne laissa pas d'en ressentir une violente jalousie, & elle pensa même causer entre

entre eux un second combat plus dangereux que le premier. Mais le Comte crût se vanger assez du Chevalier en découvrant à Madame Daubray tout ce qu'il pourroit apprendre de nôtre intrigue. Elle avoit déja suffisament de disposition à croire que nous ne nous étions pas indifferents ; & quand elle eût un espion aussi adroit que le Comte de Fiesque, elle en sçeût plus qu'elle n'auroit souhaité ; mais n'étant pas maîtresse de se desentêter du Chevalier elle tourna toute sa rage sur moi.

Mon mary étant revenu de l'Armée, & connoissant particulierement Madame Daubray, il commença de recevoir par elle, les premieres impressions de cette fureur qui m'a tant causé de maux ; car elle lui dit que le Chevalier de Chatillon m'aimoit ; & elle n'oublia rien pour l'irriter contre moy.

Cependant je compris aussi
bien

bien que le Chevalier, voyant mon mary de retour, qu'il falloit prendre des mesures bien justes, si nous ne voulions pas être découverts par un mary jaloux & soupçonneux sur les choses les plus innocentes. J'affectay donc de lui témoigner beaucoup de tendresse & de joye de le voir; mais malgré toute ma politique je tombay dans une mélancolie, que je ne sçeus vaincre; car je m'étois accoutumée si agreablement aux assiduitez du Chevalier, que je soufrois tout ce qu'on peut soufrir de la rareté de ses visites.

Pendant qu'il avoit pû me voir commodément il avoit négligé l'affaire de son combat. Il y songea alors & pour en sortir le Comte de Fiesque & lui se mirent prisonniers à la conciergerie pour se justifier du düel donc ils étoient accusez. Il vint me voir étant sur le point d'y entrer, & quoi que Monsieur de Querdaniel fut present

sent, & que je n'eusse pas la liberté de lui parler, comme j'aurois voulu, nos yeux furent non seulement assés de concert pour que nous nous entendissions, mais nous eûmes encore le malheur que mon mari les entendît aussi. Il courût le dire à Madame Daubray qui étoit devenuë sa confidente, & lui voiant alors des soupçons assez bien fondés, elle travailla tres-utilement à les confirmer. Sa froideur & sa méchante humeur m'empêcherent d'aller voir le Chevalier de Chatillon, & le Comte de Fiesque, quoi que toutes les femmes de la Cour leurs fissent cet honneur. Madame Daubray étoit sans cesse avec eux, & elle triomphoit si fort de la violence que je me faisois, que ma peine auroit éclaté par quelque extravagance si le Chevalier ne fût enfin sorti de prison. Il m'en avertit, & je trouvay moyen de l'entretenir, chez la Princesse de de Monaco, qui étant ma parante & son amie, nous servoit de tout son cœur. Elle me rassura sur les allarmes que j'avois des commencements de jalousie de mon mary. Elle me dit que si le Chevalier cessoit de me rendre ses devoirs chés moi, on chercheroit où je le verois ailleurs. Que le meilleur mistere étoit de n'en point faire, & que souvent il en falloit montrer un peu pour en cacher beaucoup. Je n'eus pas de peine à me laisser persuader; le Chevalier en fût ravy & il me vint voir dés le lendemain. Il arriva que s'étant rendu un jour chez moi d'assés bonne heure, mon mary jalous ne cherchant qu'a confirmer ses soupçons feignit de sortir, mais étant revenu sur ses pas par la fausse porte du Jardin, il monta par un degré derrobé & se glissa dans mon Cabinet dont la porte étant vitrée, il pouvoit voir ce qui se passoit dans ma chambre. De-

Depuis bien du tems le Chevalier m'avoit conjurée de luy donner mon portrait. Je le lui avois promis, sans dessein de luy tenir parole ; mais comme la contrainte est d'ordinaire un attrait pour la liberté, il ne me fallut point de raison plus pressente pour m'engager à me faire peindre. J'avois ce portrait fait en table & entouré de diamants. Lorsque je me vis en liberté de parler sans temoins, je luy dis, que je voulois luy donner une preuve de mon estime, à laquelle, s'il m'aimoit, il seroit bien sensible ; & aussitôt j'attachai mon portrait à son bras. Il se mit à genoux pour le recevoir, il y porta cent fois la bouche : il me fit mille remerciments & mille protestations de m'aimer toute sa vie. Nous pestâmes ensemble contre les importuns soupçons de mon mary ; nous nous promîmes de n'en avoir pas moins de fidelité & d'empressement

sement l'un pour l'autre, mais comme nous fûmes interrompus par la Marquise d'Albret qui vint me voir, le Chevalier se retira le plus tendre & le plus satisfait de tous les hommes.

Dans quelle fureur, ô Ciel! avoit été Monsieur Querdaniel à touts les témoignages d'amitié qu'il m'avoit veüs donner au Chevalier. S'il eût été plus brave & qu'il n'eût pas aprehendé son courage il auroit fait sur le champ un éclat qui m'eût coûté la vie à ses yeux. Mais enfin la compagnie étant retirée qu'est-ce qu'il ne me fallût pas essuyer de sa rage, il ajoûta à ses reproches des menaces si offencantes que j'en pençay mourir de déplaisir. Il voulut que je lui promisse que je ne verrois jamais le Chevalier, & je restay trés-longtems enfermée dans mon apartement sans avoir même la liberté de passer dans un autre.

Le Chevalier de Chastillon fût averty dés le lendemain de tout ce qui étoit arrivé à sa consideration. Figurés vous Madame les sentiments d'un homme fort amoureux & peu patiant de son naturel. Il vouloit aussi se porter à des extrêmitez qui m'auroient perduë, & pour l'en empêcher, je fus obligée de luy écrire, que je le verrois malgré toutes choses. Cependant comme il étoit desesperé de ce que je ne sortois plus, & qu'inutilement il me cherchoit dans tous les endroits où il avoit accoutumé de me rencontrer, il s'avisa (sans m'en donner avis) de loüer une maison dont les veües respondoient sur mon Jardin; j'allois m'y promener quelque fois, & comme je passois sous ses fenêtres j'entendis un homme qui me dit, arrêtez vous Madame & daignez m'entendre & me plaindre. Les accents de cette voix frapperent aussi-tôt mon cœur que

que mes oreilles, mais n'osant luy répondre je feignis de cueillir des fleurs en cet endroit pendant que je chantois la fin de ce couplet.

N'ayons point de peur des Loups,
Ne craignons que les jaloux,
Qui sont encore plus sauvages.

Mon mary dans ce moment, étoit à la fenêtre, & je croirois volontiers qu'il avoit un demon familier pour l'avertir de tout; car enfin, il pensa que je ne chantois point ses paroles sans mistere; Il m'apella & me fit retirer fort rudement.

Je ne mis pas en doute que le Chevalier reviendroit souvent dans cette maison, & je luy écrivis afin de le conjurer de prendre de grandes mesures pour qu'on ne le sçeut pas; & dans tout ce tems qu'on me gardoit à vûe par l'ordre de mon mary, il n'y n'y avoit guere de jours que nous ne trouvassions les moyens de nous écrire & de nous parler; car en verité l'Amour est infiniment ingenieux, & il donne de l'esprit & de l'adresse; mais Monsieur de Querdaniel, qui m'épioit sans cesse, ayant remarqué que j'allois souvent dans mon Cabinet & que j'ouvrois la fenêtre, voulut voir un soir ce qui s'y passoit. Il faisoit beau & clair de lune, il prit une robe de chambre, une juppe, quelques coiffes blanches & se teint ainsi à la fenêtre. Le Chevalier ne doutant point que ce ne fût moy parut à la sienne, & luy parla, mais au lieu de répondre à ses tendresses, il luy tira un coup de pistolet, & ce fût une espece de miracle comment il ne le tua pas. Que devins-je helas! lorsque j'entendis ce bruit, je courus avec beaucoup d'effroy dans mon cabinet, & quand j'aperçeus mon mary si ridiculement habil-

habillé, j'avoüe que je ne pû m'empêcher déclater de rire; mais ce premier mouvement de joye ne me dura guere, car il vint à moy comme un furieux, & je crû que ce moment seroit le dernier de ma vie. Il me maltraita plus qu'il eût encore fait, & continua de m'enfermer comme une criminelle d'Etat; mais enfin le Marquis de Saucour, grand Veneur & de ses amis, à la priere secrette que je luy en fis faire par la Princesse de Monaco, entreprit de l'emmener à Fontainebleau courre le Cerf. Il eût bien de la peine à s'y resoudre, & ce ne fût aussi que pour voir l'usage que je ferois de ma liberté en son absence. Je ne peux vous dire Madame la joye que j'eus de son départ. Le premier de mes soins fût de penser aux moyens d'entretenir le Chevalier, & pour que la chose fût moins suspecte; je luy mandai d'aller chez la Princesse

cesse de Monaco, & je m'y rendis avec Madamoiselle de Tressan; cette fille qui est fort aimable m'étoit venu voir & passer quelques jours avec moy pour se délasser de son Couvent, car elle étoit à l'Abaye du bois.

Je trouvay le Chevalier à l'heure que je luy avois marquée si melancolique & si changé qu'à peine je pouvois le reconnoître. Nôtre conversation fût aussi tendre qu'elle pût l'être entre des personnes qui s'aiment beaucoup & qui sont persecutées. Il est encore vray que le souvenir des mauvais traittements que j'avois receus revint si vivement dans mon esprit que je ne pûs m'empêcher de donner quelques larmes à ma douleur. Le Chevalier en resta extraordinairement touché, & il n'y eût point de vengence que son desespoir n'imaginât; mais je n'en voulus accepter aucunes. Je luy dis qu'il falloit nous vaincre

cre genereusement là dessus, & nous contenter de ne point changer l'un pour l'autre. Nous nous séparâmes ensuitte, & quoy que Mademoiselle de Tressan, fût dans la chambre avec nous, la Princesse de Monaco l'occupa adroitement à voir quelques ouvrages qu'elle faisoit faire, & elle n'entendit rien de nôtre conversation.

Monsieur de Querdaniel avoit trop de jalousie pour rester longtems absent; il revint aussi, quelques instances que luy fit le Marquis de Saucour pour s'arrêter d'avantage. Il feignit d'avoir des affaires indispensables à Paris, & il s'étoit si bien mis dans la tête que j'avois veû le Chevalier, qu'encore qu'il n'en eût aucune certitude il en auroit juré. Il s'avisa d'en parler à Madame Daubray qui l'en persuada comme si elle l'eût sçeu positivement, se trouvant elle même interessée
dans

dans mes affaires par la liaison qu'elles avoient avec celles du Chevalier de Chatillon, elle aprit que Mademoiselle de Tressan avoit toûjours resté prés de moy pendant le petit voyage de Monsieur de Querdaniel; elle fût la voir & luy parla dabord indiferament de toutes choses : mais tombant comme par hasard sur mon chapitre ; sçavés vous, luy dit-elle, que la Marquise de Querdaniel veut vous marier, & qu'elle ne nous a fait voir le Chevalier de Chatillon qu'a cette intention, qu'est ce qui vous semble de luy ? Mademoiselle de Tressan, quoy que Gasconne, n'étant point preparée à un tour si adroit, s'y laissa surprendre, & donnant dans le paneau, je vous assure dit-elle, que la Marquise ne m'a témoigné la-dessus aucunes intentions particulieres, & je pensay lors que nous trouvâmes le Chevalier

chez

chez la Princesse de Monaco que c'étoit seulement un effet du hasard. Je dois convenir que ce Chevalier est aimable, & bien fait : mais je dois croire aussi que son étoile le destine à quelque chose de meilleur qu'à me plaire.

Madame Daubray fût ravye d'apprendre une avanture si propre à me nuire ; Elle y ajoûta toutes les couleurs qu'elle jugea necessaires pour achever le tableau qu'elle vouloit presenter à mon mary ; & en effet elle réüssit parfaitement à l'irriter contre moy. Je m'en apperceus à son air sombre & chagrin, & j'en fremis plus d'une fois. Enfin l'orrage créva. Il me chargea de reproches & me dit, que je luy avois promis de ne plus voir le Chevalier ; mais qu'a peine il s'étoit éloigné & m'avoit laissée exprés, maitresse de ma conduite, pour connoître l'usage que j'en

ferois

ferois, que je luy avois donné rendés-vous chez la Princesse de Monaco : qu'il m'assuroit qu'à l'avenir il y donneroit bon ordre, puis que j'étois capable d'oublier tous les sermens que je luy avois faits. Je fus si simple & si fole que de luy avoüer de bonne foy, & je crûs avoir trouvé une grande excuse à ma faute, en luy disant qu'il étoit vray que j'avois prié le Chevalier de se rendre dans cette maison, mais que c'étoit pour me rapporter le portrait que je luy avois donné & mes lettres. Que ne voulant plus le voir, j'avois jugé necessaire de retirer de ses mains des choses qui m'étoient d'une si grande consequence.

Ce n'étoit pas là, le moyen d'amander mon affaire, il m'écouta aussi avec un rire mocqueur, & le lendemain, sans que je l'usse même soupçonné, il me dit que sur le champ il falloit partir pour aller en Bretagne. Je me
jettay

jettay à ses pieds; je le conjuray de suspendre l'arrêt qu'il venoit de prononcer; mais mon ardeur pour le faire changer ne servit qu'à le rendre plus ferme, & sur les six heures du soir, je montay en carosse avec luy, & je pris la route de Querdaniel.

Quoy que je partisse dans une grande précipitation, je trouvay le moien d'en avertir le Chevalier. Il ne consulta dans ce premier moment que son desespoir. Il prit un nombre de gardes determinés, qu'il fit déguiser, & luy-même se deguisant en Hermite, il me suivit & se rendit avec eux, dans une hôtellerie où je devois coucher, il y arriva avant moy & m'y attendit.

Cependant j'étois dans un déplaisir si extréme que je pleurois sans cesse, lors que nous aprochâmes de l'hôtellerie, la main de mon carosse rompit, & nous versâmes dans un étang où des gens

gens plus heureux que moy se seroient noyez. Le Chevalier qui vit arriver mon maître d'hôtel & quelques autres de mes gens crut bien que nous n'étions pas éloignés. Il sortit aussitôt avec le Comte de Montesson qui étoit venu l'accompagner deguisé comme lui, & s'avançant vers la chaussée, la premiere chose qu'ils apperçurent au clair de la Lune, ce fût mon carosse qui versoit dans l'étang. A cete veüe le Chevalier ne songea plus qu'il s'exposoit peut-être à se noyer. Il se jetta dans l'eau suivy de son amy, & il vint à nous comme nous cherchions à sortir du carosse.

Mon mary fût le premier qui parût. Le Chevalier m'a dit depuis, qu'en le voyant, il pensa se jetter sur luy pour luy arracher la vie, ou pour perdre la sienne, mais enfin réprimant le mieux qu'il pût la fureur de ses pre-

premiers mouvements, il luy donna la main pour lui aider, & deguisant sa voix, il le plaignoit de son accident. J'étois si desolée de touts ceux qui avoient precedé celuy là, qu'encore que je fusse dans l'eau jusqu'au col, je ne songeois point à m'en tirer. Mais le feint Hermite qui s'interessoit particulierement à ma conservation m'appella, & me prit entre ses bras pour m'emporter hors de l'eau ; & soit qu'il ne fût pas maître de sa joye, ou que la nuict & le desordre où nous étions, luy fournissent une occasion trop favorable, pour negliger d'en profiter, comme il m'emportoit, il me serra tendrement entre ses bras, & attachant sa bouche sur la mienne, il me mit en état de découvrir, tout le mistere ; car je restay si épouventée de la liberté de cet Hermite que je fis un grand cry, & quoy que je fusse encore dans l'eau je voulûs m'arracher

racher de ses bras; mais il employa toute sa force pour me retenir, & il me dit, est il vray Madame que vous ne me reconnoissiés point, & quelqu'autre que moy peut il être auprés de vous dans les transports où je suis. J'allois luy repondre, mais j'en fus empêchée par la présence de mon Epoux. Le cry que j'avois fait étoit parvenu jusqu'à ses oreilles. Il me demanda si j'étois tombée; aussitôt le feint Hermite, luy dit que non, & qu'il s'en étoit peu fallû, parce qu'il avoit fait un faux pas. Vous avés aussi trop de charité pour nous luy dit mon mary en l'embrassant, mais le Ciel en sera vôtre recompence. Il ne luy repondit rien, car nous pâmions de rire l'un & l'autre.

Pendant que mes gens étoient occupez à relever mon carosse, je m'avancay diligemment vers l'hôtellerie avec le Chevalier, & me trouvant en liberté de luy parler,

B 4 pro-

profités luy di-je de ce moment pour m'apprendre ce qui vous ameine icy, deguisé comme vous étes, & dans le tems où je me flattois le moins de vous voir. Pouvés-vous me dit-il, me faire une telle question, n'est ce pas vous Madame qui m'amenez? Je viens pour vous vanger & vous reconduire à Paris. Je vous ay trouvé une protection & une retraitre glorieuse proche de Madame. Nous serons les plus forts, l'adresse ne suffît pas, mais pour peu que vous vouliés être d'intelligence, je vous reponds du succez de l'entreprise. J'eûs dans ce moment un étrange combat à rendre; & peu de tems pour remporter la victoire sur moy-méme. Neantmoins je me determinay, & aprés l'avoir remercié, autant que le devois, de ce qu'il hazardoit pour me servir, je le priay d'entrer dans les interêts de ma gloire, & de considerer qu'il n'en

n'en faudroit pas d'avantage &
même beaucoup moins pour me
perdre. Que j'esperois qu'avec
un peu de ménagement les méchantes humeurs de mon mary se
calmeroient, & que j'aurois bien
plus davantage de revenir à la
Cour sans éclat que de donner lieu
à toute la France d'examiner ma
conduite & de la juger selon son
caprice ; pour conclusion que
je ne voulois pas, & que je luy de-
mandois comme un témoignage
de sa tendresse, de ne m'en presser point d'avantage. Il en resta
dans un déplaisir inconcevable,
car il c'étoit fait une grande joye
du repos qu'il esperoit me procurer, & voyant mon oppiniâtre-
té, il connût bien qu'il la com-
battroit sans succez. Il m'assura
que rien au monde ne l'empêcheroit de m'aimer, & de me
venir chercher en quelque lieu
qu'on m'enmenât & quelque
difficultez qu'il y eût : & je luy
don-

donnay aussi parole, que je serois toûjours la même pour luy.

L'hôtellerie étoit si proche que nous y fûmes bien-tôt arrivez. J'y trouvay déja mes femmes, & Monsieur de Querdaniel étant venu un moment aprés, il me dit qu'il se trouvoit fort mal, & qu'il étoit mouillé jusqu'aux os. Il se coucha prontement, & me chargea de prier l'Hermite & son compagnon de venir souper avec luy. Ils étoient l'un & l'autre si parfaitement deguisés que je n'avois pas lieu de craindre qu'on pût les reconnoître. Ils vinrent passer la soirée dans sa chambre, & l'on ne sçauroit croire combien Monsieur de Querdaniel étoit édifié de frere bonne avanture (c'est le nom que le Chevalier avoit pris.) Il ne l'entretenoit que de choses spirituelles & devotes, & de tems en tems, mon mary se tournoit vers moy, & disoit, plût à dieu Madame

dame que les femmes de vôtre âge, n'eussent commerce qu'avec des personnes comme frere bonne avanture, la paix & l'union regneroient toûjours dans les familles. J'avois des envies de rire à mourir, & neantmoins je lui répondois froidement que j'en serois aussi fort satisfaite, & que je le croirois capable d'édifier autant par ses actions que par ses parolles.

Cependant comme Monsieur de Querdaniel n'étoit pas accoûtumé à un bain si mal préparé que celui de l'étang il fût pris d'un gros rhume, & d'une petite fievre. Il s'en inquiéta & ne voulut pas rester dans une si méchante hôtellerie, que celle où nous étions. Il sçeût Quinselin avoit une maison peu éloignée, & quoi qu'il ne fût pas chez lui, il crut bien qu'il y seroit reçeu agreablement. J'eus un sensible deplaisir de la resolution qu'il prit,

prit d'y aller, ne doutant pas qu'il ne me fallût séparer du Chevalier; mais comme il vint pour prendre congé de lui, il lui dit, je vous prie mon frere de venir avec nous, car j'ai une confience extrême en vos prieres.

Jugés Madame si rien au monde pouvoit nous faire un plus grand plaisir. Nous partîmes tous ensemble, & lors que nous fûmes arrivés Monsieur de Querdaniel, malgré son abbatement, prit soin lui-même de me choisir une chambre où je ne pusse entrer ni sortir que par la sienne, & quoi qu'en ce lieu personne ne lui fût suspect, il ne laissa pas de m'enfermer le soir & de garder la clef sous son chevet.

Le hazard fit que l'on logea le Chevalier sous ma chambre. Nous ne tardâmes guere à nous en appercevoir & nous resolumes de faire quelque ouverture afin de pouvoir nous entretenir. Mais com-

comme lui & son ami y vouloient travailler, ils connurent que la chambre étoit faitte à l'Italienne, & que par le moyen de certaines poullies, le plancher de la mienne pouvoit être décendu, jusque dans la leur. Ils ne m'en voulurent rien dire, de crainte que je ne les empêchasse de faire joüer les machines; mais lorsque je fus couchée & qu'ils jugerent tout le monde endormi, peu à peu mon lit commança de baisser sans que je le sçeusse, & j'avoüe que rien ne peut égaler ma surprise, lorsque je vis de la lumiere & que j'apperçeus le Chevalier & le Comte de Montesson. Ils avoient quitté leurs habits d'Hermitte, & cela étoit necessaire pour que je pusse me resoudre de les entretenir avec ma familliarité ordinaire. Helas! m'écriai-je, est-ce que je rêve, où suis-je bien éveillée; comment est-il possible que je sois avec vous? & dans une au-

B 7 tre

tre chambre, que celle où je viens de me coucher. Ma bonne fortune s'en est un peu mêlée Madame, dit le Chevalier en souriant, & je suis persuadé que cette chambre ici, a été la perte de plus d'un mary jaloux, & le salut de plus d'un amant desesperé ; car les machines qui ont fait descendre vôtre lit sont si aisées & si secrettes, que celles des plus fins Italiens n'en approchent pas. Mais lui dis-je ne craignés-vous point que vôtre impatience pour me voir me nous coûte cher ; & que seroit-ce si mon mary toûjours inquiet & jaloux alloit s'en appercevoir ? Ne mêlez point mes plaisirs de vos craintes, me dit-il, & croiés moi Madame, l'Amour protége les vrays amants. Et bien dis-je en l'interrompant, taisés-vous, nous nous flattons trop, je suis attantive à ce qui se passe, & je viens d'entendre ouvrir la porte de ma chambre. Nous gardames alors

alors un profond silence & nous entendîmes que Monsieur de Querdaniel m'appelloit & disoit de tems en tems, quoi-est il croiable que je ne puisse trouver le lit dans une si petite chambre; en verité je fremissois de peur, mais enfin il se fatigua d'être sans lumiere, il sortit, fût appeler son valet de chambre, & de nôtre côté nous profitâmes de ce moment pour remonter le lit en diligence,

Il n'y avoit point de tems à perdre, car il revint sur ses pas. Je feignis de dormir, il ouvrit mon rideau, me regarda & dit, je ne m'étonne pas si elle ne me répondoit point, je n'ay jamais veû personne dans un plus profond sommeil; Mais, continuat-il, parlant à son valet de chambre, je ne puis comprendre comment j'ay cherché pendant une heure un lit si facile à trouver; c'est peut-être, dit-il Monsieur, que vous

vous n'étiés pas bien éveillé, je riois à pasmer sous mes couvertures des contes qu'ils faisoient, & enfin ils s'en allerent l'un & l'autre sans s'être apperçeus de rien.

Le Chevalier & son amy qui les entendirent sortir firent aussitôt baisser mon lit, & nous passâmes touts trois le reste de la nuit ensemble, mais lors que le jour parût nous nous separâmes ; & comme le Chevalier, sous l'habit de frere bonne avanture, alla le matin voir mon mary, il lui raconta, comme quelque chose de fort plaisant, qu'il avoit passé une partie de la nuit dans ma chambre à chercher mon lit sans le pouvoir trouver.

Le Chevalier son ami & moi avions une égalle impatience que la nuit nous fournît encore les moiens de nous entretenir. Je fus à peine retirée, & la clef de ma chambre entre les mains de mon jaloux, que le Chevalier, &
le

le Comte de Monteſſon commencerent de faire deſſendre mon lit, mais ſoit qu'ils ne fiſſent pas aller les machines comme il falloit, ou qu'il s'y fût rompu quelque choſe, il n'étoit pas à moitié baiſſé, qu'il ne pouvoit plus remuer.

Jugez Madame dans quel trouble nous étions, & touts les efforts que nous fimes, mais voiant qu'ils étoient innutils, nous ſommes perdus, dis-je au Chevalier, ſi vous n'imaginez quelque promt remede, en cas que mon mary vienne. Dans une telle occaſion, dit-il, je ne ſçay pas de meilleur moien que de nous noircir & de contrefaire les diables ; contrefaittes qui vous voudrez, lui dis-je; mais ne perdés pas un moment à vous mettre en état de me préſerver de l'orage qui me menace.

Ils défirent auſſitôt les rideaux de leur lit qui étoient de velours aurore & cramoiſy, ils s'en enveloperent, ils ſe noircirent le vi-

visage & les mains, & ils étoient en verité tres plaisament deguisez, ils prirent chacun dans leur main une discipline, & me dirent que si Monsieur de Querdaniel venoit je me reposasse sur eux & que seurement il en seroit la duppe. Quelque apprehension que j'eusse, l'équipage où je les voiois me faisoit rire de tout mon cœur; mais il me fallut bientôt prendre un autre ton; car nous entendîmes venir mon mary : il étoit en robe de chambre & en bonnet de nuit : il avoit une bougie dans sa main & ressembloit parfaitement à un vieux magicien qui va faire des conjurations. Il s'aprocha doucement de mon lit surpris autant qu'on peut l'imaginer de le voir ainsi suspendu en l'air, & presque enfoncé dans une autre chambre, & de m'entendre faire de douloureuses plaintes, car pour qu'il donnât mieux dans le panneau, dés qu'il fût entré, j'avois

vois commencé de dire d'une voix entre coupée de soupirs & de sanglots ; helas ! dois-je mourir sans dire à Dieu à mon cher époux, lui que j'aime autant que ma vie malgré les injustes soupçons qu'il a de ma conduitte ; mais je lui pardonne de tout mon cœur, & vous malheureux esprits qui me persecutez restez en les témoins.

Monsieur de Querdaniel m'écoutoit & ne comprenoit rien à mes lamentations. Il se trouva neantmoins touché de ce que je disois & s'étant mis à genoux pour me voir mieux, comme il se baissoit & mettoit la tête par l'ouverture du plancher il apperçeût les deux diables, qui donnoient de terribles coups sur mes ouvertures, avec leurs disciplines. Il en eût une si grande frayeur qu'il se preparoit déja à se sauver & à m'abandonner à leur severe justice ; mais le Chevalier qui ne l'aimoit pas n'eût garde de manquer une occa-

occasion si favorable de le punir, & de se vanger. Il le prit par les bras, quoi qu'il eût de la peine à le tirer jusqu'en bas, avec l'aide de l'autre diable son compagnon il en vint à bout, & touts deux le regalerent de leurs disciplines, disant de tems en tems les marys jaloux sans sujet éprouveront un tel châtiment, en ce monde icy ou en l'autre,

Jamais on n'a été plus contante que moy de voir ce qui se passoit, mais enfin mon mary crioit si haut que chacun accourût à ses plaintes, & les diables craignant d'être reconnus, passerent par les fenêtres de leur chambre qui étoient fort basses: sauterent dans le jardin: quiterent les rideaux du lit, & tout ce qui pouvoit les faire soupçonner, & revinrent en diligence vetus en hermites dans l'appartement de Monsieur de Querdaniel, Ils le trouverent couché & demi mort. Ha! frere bonne

ne avanture, s'écria-t-il d'une voix foible & languissante, si vous aviés été avec moi, il ne me seroit pas arrivé tant de desordres. Vos bonnes prieres m'auroient sans doute guarenti, mais il faut que vous benissiés cette dangereuse chambre, & que vous disiés toutes les oraisons necessaires pour en chasser les plus méchants Diables dont j'aye jamais entendu parler; helas! ils m'ont assommé à coup de disciplines, & qui croiroit que des instruments de penitence, & qui servent à faire des saints, fussent mis en usage chez ces ennemis du genre humain pour tourmenter les hommes. J'avois aussi toûjours imaginé que c'étoit de simples esprits qui prenoient des corps fantastiques; mais je vous jure que ceux qui m'ont mis en l'état où vous me voyés, m'on paru aussi réels que vous & moi, & que lors qu'ils m'ont parlé, il me sembloit que
je

je reconnoissois le son de leur voix. Quoi ils vous ont parlé Monsieur, s'écria frere bonnaventure, la chose en est encore plus grave. Ils m'ont dit continua Monsieur de Querdaniel que les maris jaloux seront cruellement punis; ô pour cela reprit l'Hermite, je l'ay lû dans nos plus sçavants traitez, & il est à presumer que ce ne sont pas des diables ignorants. J'ay bien resolu, ajoûta mon mary, en me regardant de n'être plus jaloux, & je suis fâché de ce qui s'est passé entre nous.

Jugez Madame si rien pouvoit être plus plaisant pour le Chevalier & pour moi, que de le voir repentir. Cependant l'hermitte lui promit de faire de grands exorcismes pour chasser ces malins esprits, & aprés s'être rendus dans la chambre avec son compagnon & en avoir fait sortir tout le monde, ils travaillerent tant aux machichines, qu'enfin mon lit fût remis en sa place ordinaire; on courût le dire à Monsieur de Querdaniel qui jugea que c'étoit l'effet des prieres de frere bonneavanture, & il ne lui permit de s'en aller, que quand il partit lui même du château pour se rendre à Querdaniel. Nous nous separâmes alors, & ce ne fût pas sans une extrême violence, quoi que nous eussions pris de grandes mesures pour nous écrire & nous revoir, & que nous eussions goûté l'un & l'autre une satisfaction bien douce de passer tant de tems ensemble sans être découverts, & d'avoir payé à mon trop jaloux & trop severe mary une partie de ce que nous lui devions.

Le Chevalier aprés avoir repris ses habits partit la nuit en poste pour retourner à Saint Germain, mais il n'y étoit pas encore arrivé lors qu'il m'envoia un Gentilhomme à lui, avec ordre de me ren-

rendre un billet par lequel il me donnoit avis qu'avant que je fusse chez moi je le verrois une seconde fois. Le Gentilhomme s'acquita de sa commission si heureusement que j'eus le moien de lui faire réponce dans des tablettes de filigrames que j'avois sur moi, je particularise les tablettes parce qu'elles ont contribué à une avanture assés singuliere, je luy manday que je le conjurois de ne me pas suivre d'avantage; que pour nous revoir il falloit nous ménager, qu'il seroit peut-être découvert & que se seroit une affaire sans retour; je finissois par des asseurances d'une tendre & fidelle amitié & de lui donner de mes nouvelles au premier moment dont je disposerois.

Nous continuâmes ainsi nôtre voiage, & mes ennuis diminuerent beaucoup par l'interêt qu'y prenoit celui pour qui je les ressentois.

A

À peine étions nous arrivez à Querdaniel que mon mary receut des lettres de la Cour pour y retourner en diligence. Les grands desseins du Roi ne pouvoient être arrêtez longtems. Il se preparoit à faire une nouvelle campagne, & par cette raison Monsieur de Querdaniel fût obligé de me quitter. Son frere l'Abbé demeuroit d'ordinaire dans cette Terre. Il lui recommanda de me garder comme une prisonniere d'Etat & de lui rendre fidele compte de ma conduite. Je ne sçaurois assez m'étonner comment il oublia si tôt les sermens qu'il avoit faits de n'être plus jaloux ; & par quel moien la discipline des diables s'étoit si bien effacée de son souvenir. Quoi qu'il en soit il partit, me témoignant en apparence beaucoup de regret de me quitter. Je ne doutois pas que le Chevalier ne fût un des premiers à suivre son maître à l'Armée & je m'imaginai bien que je resterois longtems sans le voir. J'en souffris beaucoup, & pour m'occuper pendant cette rigoureuse absence, j'entrepris d'achever quelques bâtiments qui étoient commencés. Le Château est tres-beau, situé sur le bord de la Mer: une grande forêts lui fournit des promenades merveilleuses: tout y est plein de fontaines, & jamais solitude n'a eu des agrémens plus naturels. Je pris soin d'y joindre ceux de l'art. Je fis achever un grand corps de logis & un pavillon magnifique, dans le parc. Je fis peindre un sallon de plusieurs devises qui convenoient toutes à mon état. Je mis dans l'une un ver à soie qui travailloit avec ses mots.

Ma prison fait ma gloire.

Dans une autre deux palmiers éloignés de l'espace d'un chemin

&

& qui joignoient leurs branches en les baissant pour s'approcher, avec ces paroles.

Si le lieu nous sépare, l'Amour nous unit.

Il y en avoit une troisiéme dans laquelle paroissoit un amour dans une nacelle sur la Mer agittée d'une grande tempête, & pour âme.

Helas! quel sera mon sort.

On voyoit encore, une femme appuyée sur un ancre qui donnoit à têter à un Amour, & ces mots.

L'Esperance nourrit l'Amour.

Enfin je n'oubliay rien de tout ce qui pouvoit rendre ce salon beau & agreable. Le Chevalier de Châtillon de son côté se preparoit à me venir voir; mais il fût surpris de la promptitude de son départ, pour l'Armée, il me le manda, & pendant son éloignement, je reçeus tres souvent de ses nouvelles, & lui en donnay des miennes avec la derniere exactitude, malgré les précautions de mon beau frere, lequel me voiant dans une parfaitte indifference pour touts les plaisirs qu'on me proposoit, & un grand attachement à demeurer retirée chez moi, ne douta point que mon mary n'eut tort de me traiter avec tant de rigueur, & ce bon Abbé me laissa un peu plus de liberté dans l'opinion que je n'en ferois aucun mauvais usage.

Les chaleurs de l'Eté étoient pour lors si grandes que c'étoit une necessité d'être tout le jour enfermée, mais le soir je me promenois sur la Mer dans une Chaloupe. J'allois une lieuë avant dans la Mer & en cet endroit quand elle est basse, elle découvre

vre un rocher très spacieux plain de sources & de petits ruisseaux, la Mer entourre ce grand rocher, de maniere qu'on s'y promeine à pied sec, & quand on veut, on peut s'y baigner.

Je m'y étois renduë un soir au clair de la Lune suivie seulement de trois de mes femmes, & comme j'étois assise à la pointe du rocher rêvant à mes malheurs, & à l'absence du Chevalier qui seul occupoit mon cœur, je vis venir du côté du port une chaloupe à toute rames; j'en restay surprise & effrayée, à cause des Capres Ostandois qui courroient nos côtes & qui souvent y faisoient de fâcheuses descentes. J'appellay mes femmes pour me rembarquer promtement; mais ceux qui venoient à nous aiant passé & remarquant ma Chaloupe & des Dames, ils s'arrêterent & aprés nous avoir regardés un moment, ils se jetterent à terre & vinrent à nous

nous avec tant de hâte, que j'en eus beaucoup de peur. Mais helas! que ma crainte fût bientôt convertie en joye, lors que je reconnus le Chevalier de Chatillon & le Comte de Montesson. Que je suis heureux, Madame dit le Chevalier en m'abordant, de vous trouver icy. J'étois dans un cruel embaras des moyens que je tiendrois pour vous voir, mais ma bonne fortune, d'intelligence avec mon amour vous a conduitte en ce lieu. Soyez persuadé, lui dis-je, que la satisfaction de vous voir, est si extrême pour moi que j'en oublie pour quelques moments le peril qui s'y trouve attaché, neanmoins il faut m'en croire, ne vous atrêtés pas d'avantage icy, car mon beau frere le pouroit sçavoir, & cela m'empêcheroit de vous voir aussi souvent que je feray si vous suivez mes conseils. Il ne me faut point chercher de raison pour m'engager à vous obeïr,

obeïr, me dit-il, ordonnés, Madame, & soyés seure que vos volontez seront toûjours la régle des miennes. Allés, lui dis-je, chez la mere de Leance, c'est une fille à moi qui m'est fidelle, & je suis seure que sa mere me la sera aussi. Aprés nous être entretenus encore quelque moments, il prit congé de moy & comme il étoit prêt de remonter dans sa chaloupe, nous vîmes venir à touttes voiles un Capre Ostendois qui nous ayant remarquez ne douta point que nous ne fussions de bonne prise: La Mer étoit trop basse pour qu'il approchât du rocher, mais se servant promptement de leurs chaloupes nous comprîmes bien le dessein qu'ils avoient.

Le Chevalier, le Comte, & seulement deux Gentilhommes qui les suivoient vouloient faire ferme, mais si tôt qu'ils eurent consideré l'inegalité du combat, ils jugerent bien que leur témerité seroit nôtre commune perte, desorte que nous jettant avec précipitation dans ma chaloupe, nous gagnâmes le bord, suivis des Ostandois qui tirérent plusieurs coups sur nous, dont nous eûmes le bonheur de n'être point blessez.

La nuit étant venüe le Chevalier partit avec le Comte de Montesson & se rendit chez la Mere de Leance où je lui parlai plusieurs fois dans le peu de tems qu'il y resta. Je n'osay souffrir qu'il demeurêt d'avantage, apprehendant qu'on ne le sçeût, mais malgré toutes nos précautions mon beau frere qui étoit habille & diligent aprît tout ce qui c'étoit passé. Il l'écrivit à mon mary, lequel étant de retour de l'armée, ne s'arrêta pas un moment à Paris, aprés avoir reçeu cette nouvelle. Il vint me trouver à Querdaniel dans une rage si violente qu'il me maltraita encore plus qu'il eût jamais

mais fait. Il vit le salon que j'avois fait peindre. Il comprit que les diviles étoient toutes pour le Chevalier, & aussi-tôt il les fit effacer aprés m'avoir chargée de mille reproches. Je n'en murmuray point, & je lui dis seulement qu'il avoit tort de me tourmenter sur le voyage que le Chevalier avoit fait en Bretagne, puis qu'il sçavoit bien que je n'étois pas la maîtresse de l'en empêcher, & qu'à moins que le Roi lui-même ne lui defendit d'y venir, je n'y comprenois aucun remede. Le Chevalier apprit avec un mortel déplaisir, les nouveaux sujets que j'en avois reçeus de la part de mon mary, & si je n'eusse pris un soin particulier de le prier de ne point songer à ma vengeance, il se seroit porté aux dernieres extrêmitez.

Mais il y a assez long tems que je n'ay parlé du Comte de Fiesque pour croire que vous voudrez bien Madame que je reprenne son
cha-

chapitre. Il étoit assez instruit des sentiments que j'avois en faveur du Chevalier de Chatillon, pour croire que je le lui preferois, dans mon esprit, & cette raison, jointe à l'attachement qu'il avoit pour sa Duchesse de Sanserre, & aux menagements qu'il conservoit pour Madame Daubray, l'avoit un peu éloigné de moi. Il ne laissoit pas quand j'étois à Paris de me voir quelquesfois, & pendant que je restay à la campagne il m'écrivit souvent les nouvelles de l'Armée. Lorsqu'il fût de retour il trouva que Madame de Sanserre étoit absolument changée pour lui. Le Marquis de Cavois avoit profité de l'absence de cet amant pour ménager son esprit, & quoi que la Duchesse tâchât de paroître la même, la passion penetrante du Comte de Fiesque l'instruisit bien vîte de tout ce qu'il avoit lieu de craindre. Il est violant & pront. Ce qui aida

à

à augmenter la rage ce fût de voir la Comtesse de Jerzé sa parente dans les interêts de son rival, & c'étoit tres souvent dans son appartement qu'il se passoit mille amoureuses trahisons contre lui. Il s'en expliqua avec elle & la menaça de faire un éclat effroiable si elle contribuoit d'avantage aux entrevuës de la Duchesse & du Marquis. Mais quoi qu'elle lui eut donné plusieurs fois sa parolle de rompre toutes leurs parties, elle ne la tenoit pas quand elle pouvoit croire qu'il n'en sçauroit rien.

Il jugea que pour être mieux informé de tout ce qui se passoit, il falloit gaigner une des femmes de sa parente. Il s'adressa à Margot qui étoit celle qu'on faisoit entrer d'avantage dans la confidence, & il apprit d'elle qu'il y avoit une partie quarrée faitte entre la Comtesse de Jerzé & le Comte de Guitaux, la Duchesse de Sanserre & le Marquis de Cavois, & qu'ils devoient aller à Ici chez la Basaniere & n'en revenir que fort tard.

Le Comte de Fiesque prit aussitôt des mesures pour interrompre les plaisirs de ces heureux amants, dont il étoit la victime. Il fût trouver le Duc de Lesdiguiere, auquel il ouvrit son cœur. Il le conjura de lui aider à troubler cette fête par quelques facheux contretems, & en effet ils resolurent d'attendre le carosse proche de Vaugirard & de le faire marcher jusques à une maison qui étoit à un des amis du Comte de Fiesque. Il se mit ensuitte en embuscade dans la rüe de la Comtesse de Jerzé, & sur le soir il vit mes Dames de Sanserre & de Jerzé monter dans un fiacre avec Guitaux & Cauvois & prendre touts ensemble le chemin d'Ici. Il courût en avertir le Duc de Lesdiguiere & jugeant l'un & l'autre qu'il n'étoit

n'étoit pas possible de faire un éclat à une heure où les chemins étoient remplis de monde, ils resolurent d'attendre au retour. Ils envoierent des grisons prendre langue chez la Basaniere. Ils se tinrent à Vaugirard dans une maison particuliere, & jamais impatience, rage & desespoir n'a été égal, à ce que sentoit le Comte de Fiesque. Que vous étes heureux disoit-il au Duc de Lesdiguiere d'aimer la Duchesse de Bretagne & d'en être aimé. C'est une des plus jolies femmes de France qui vous traitte avec mille distinctions, & sur tout qui a de la bonne foi. Je ne sçay répondit le Duc si je dois m'en flater, le Chevalier de Vandôme m'a déja fait passer de méchants moments, & je le trouve toûjours en mon chemin. J'étois à peine amoureux de la petite Mignard qu'il devint mon rival, & il en a été encore de même pour la Duchesse de
Bre-

Bretagne. Il est vrai aussi que je ne le vis attaché auprés d'elle qu'avec des impatiences qui mauroient portés à tout, mais elle me voulût guerir par le remede le plus certain. Elle me donna sa parolle de ne le plus voir. Elle lui fit devant moi des brusqueries propres à le desoler. Depuis ce tems en effet je n'ay rien veû de particulier entre eux; & voila s'écria le Comte, en l'interrompant, voila ce qui vous rend le plus heureux de touts les hommes. Helas! Madame de Sanserre cette traitresse ne m'avoit pas moins promis, mais elle ne ma rien tenû, elle juroit de ne jamais voir Cavois dans le moment qu'elle lui donnoit un rendé-vous chez la Comtesse de Jerzé, & sçachant bier par Margot la partie d'aujourd'hui je passay exprés la spirée avec elle pour voir de quel front elle soutiendroit ma conversation. Jamais il ne s'est rien

rien veû de plus asseuré. Il sembloit que la conscience ne lui reprochoit rien, quoi qu'exprés je chantasse vint fois ces parolles.

Mais de joüer un mauvais tour à
son amant fidelle.
Iris dans l'Empire d'amour.
C'est être Criminelle.

Elle en sourit, ne voulût point marquer cette chasse, & je la quitay enfin, le plus desesperé & le plus amoureux des hommes.

Ils auroient continué leur conversation sans qu'ils entendirent venir un cheval à toute bride. Ils ouvrirent la fenêtre & voiant arrêter un homme, ils crurent bien que c'étoit leur espion. Ils ne se trompoient pas, & il leur dit que dans ce même moment il étoit sorty un fiacre de chez la Balaniere, sans aucune suitte, & qu'il y avoit dedans deux hommes & deux femmes qui venoient du côté té de Paris, il n'en fallut pas d'avantage. Le Duc, le Comte & trois Gentilhommes qui les accompagnoient monterent à cheval & ils n'eurent pas fait deux cent pas qu'ils trouverent ce carosse. On en jetta le cocher par terre, un des Cavaliers prit sa place, il faisoit fort noir, les quatres qui restoient ce mirent aux côtez du carosse le pistolet dans la portiere, menaçant qu'a la premiere resistance ils tueroient tout, le parti des plus foibles fût de se laisser conduire par les plus forts; & avec un silence merveilleux, ils arriverent dans la maison proche de Vaugirard. Le Duc donna la main à une des Dames, le Comte à une autre, & ceux de leur suite menerent les hommes dans une chambre separée où ils se tinrent avec eux.

Cependant les Dames monterent en haut, mais qu'elle fût la surprise du Comte de Fiesque de voir

voir au lieu de la Duchesse de Sanserre Mademoiselle de Ligni, & que devint le Duc de Lesdiguiere de trouver la Duchesse de Bretagne, qu'il aimoit à la place de la vieille Comtesse de Jerzé. Quel fût aussi l'étonnement de ces deux belles personnes, de les reconnoître. Ils garderent le silence pendant quelque tems; mais il étoit bien aisé de remarquer sur leur visage, & dans leurs yeux, le trouble & l'agitation de leur esprit.

Le Comte étoit desesperé d'avoir manqué son coup, & le Duc sentoit une violente douleur de pouvoir soupçonner avec tant de raison la personne du monde qui lui étoit la plus chere.

Qu'est-ce que cecy lui dit-il, Madame, vous, à deux heures aprés minuit, dans un fiacre en partie quarrée. Vous me croyez bien criminelle luy dit-elle d'un air tendre & languissant, sur tout

fi

si vous sçavez que le Chevalier de Vandôme en est; mais je ne vous demande qu'un moment pour ma justification. Le Duc entendant nommer le Chevalier de Vandôme devint immobile; neantmoins reprenant le plus d'empire qu'il put sur son esprit, & pour faire une juste épreuve des sentiments de sa Maitresse; arrêtez luy, dit-il, Madame, il n'est pas tems de vous justifier, il faut secourir le Chevalier, je ne l'avois point reconnu & je l'ay laissé aux prises avec un de mes Gentil-hommes lequel est brave & brutal. Je cours pour y mettre ordre. En achevant ces mots il sortit brusquement & ferma la porte de la chambre; il tarda quelque moments & revenant avec un visage le plus effrayé qu'il pût affecter, ha Madame! dit-il, s'adressant à la Duchesse, le pauvre Chevalier vient d'être bien mal-heureusement tué,

tué. A cette nouvelle elle ne fût plus maitresse de sa politique; & s'abandonnant toute entiere à sa douleur, elle se jetta sur son lit, s'arracha les cheveux, cria les hauts cris, & fit connoître au Duc qu'il avoit un rival aimé & sans doute heureux.

Il sortit de la chambre une seconde fois, comme un homme qui a perdu l'esprit, & il fit sortir le Comte de Fiesque avec luy, & quoy que l'un & l'autre ne fussent en état que de plaindre leur destinée & de se desesperer, il falloit qu'ils pensassent à autre chose; car l'Evêque de Strasbourg & le Chevalier de Vandôme qui étoient leurs deux prisonniers faisoient les Diables, & disoient qu'ils se porteroient à tout si on ne les menoit où étoient les Dames.

La demarche que le Comte de Fiesque venoit de faire étoit d'une grande vigueur, & il n'y voyoit

yoit que peu ou point de remede, mais enfin, il se resolut de dire à l'Evêque de Strasbourg, qui étoit son amy, la méprise qui s'étoit faitte, il n'ignoroit pas qu'il avoit de grands interêts pour souhaiter le secret dans cette avanture; car vous sçavez Madame que l'Evêque étoit fort amoureux de Mademoiselle de Ligny: qu'il couvroit cet amour par le mariage qu'il vouloit faire d'elle avec le Prince de Furstemberg son neveu, & que ce neveu avoit déja une impatiente jalousie contre son oncle. Tout cela avoit d'assez grands motifs de secret pour laisser croire au Comte de Fiesque qu'il appaiseroit aisément l'Evêque. Il fût donc le trouver, & luy demanda aussi bien qu'au Chevalier de Vandôme mille fois pardon du chagrin qu'il leur avoit causé. Il leur raconta de bonne foy qu'il avoit resolû d'embarasser des Dames

mes qui étoient à Icy, & qu'enfin sa mauvaise fortune avoit voulu qu'ils se fussent mépris.

L'Evêque & le Chevalier resterent si contants de n'être pas tombez en des mains plus dangereuses, comme ils se l'étoient imaginé lors qu'ils furent pris, qu'ils reçeurent de tout leur cœur les excuses du Comte, & le prierent avec empressement de les mener où étoient les Dames. Le Comte les y conduisit & ce fut un nouvel acte de commedie fort plaisant.

La belle Duchesse de Bretagne, n'avoit point appaisé ses larmes & sa douleur, desorte que lors qu'elle vit entrer le Chevalier de Vandôme qu'elle croyoit depuis deux heures en l'autre monde, elle ne douta point que ce ne fut son ombre, & quand il voulut l'approcher elle fit des cris & des extravangances qui le surprirent étrangement. L'Evêque,

vêque, qui n'avoit que mediocrement d'esprit, soutenoit qu'elle étoit possedée & que tout au moins elle voyoit le Diable; & trouvant de l'eau beniste au chevet du lit, il crut faire une fort bonne œuvre de la jetter sur elle, & il la mouilla depuis la tête jusqu'aux pieds. La Duchesse qui ne sçavoit point ce qui l'animoit d'un si beau Zelle ne trouva pas cette plaisanterie de bon goût, & prenant avec beaucoup de colere la peruque de l'Evêque elle la jetta justement sur les flambeaux, le feu s'y prit aussitôt, & l'Evêque pensa desesperer de paroître sans peruque devant Mademoiselle de Ligny; car il l'aimoit tant, qu'il auroit donné tout le vin du Rhin pour luy plaire. Il sauva ce qu'il pût des restes de ce facheux incendie; mais ce n'en pût être assez pour qu'on sçeut s'empêcher de rire, lorsqu'il eut remis sa perruque. Enfin Mademoidemoiselle de Ligny qui étoit la moins occupée s'apperçeût que la Duchesse avoit peur du Chevalier, parce qu'elle le croyoit mort, elle aida à la détromper, & l'excés de sa joye luy fit presque faire autant d'extravangances qu'avoit fait l'excés de sa douleur, Ils connurent bien la piece que le Duc de Lediguiere leur avoit voulu faire ; mais il s'en trouverent suffisemment vangez par le plaisir de se revoir. Ainsi ils prirent tous ensemble le chemin de Paris dans leur fiacre, pendant que le Duc & le Comte retournerent de leur côté chez eux fort mécontants de leur destinée, & fort à plaindre.

Si la fortune avoit été d'intelligence avec la Duchesse de Santerre & la Comtesse de Jerzé, venant d'éviter une avanture si particuliere & qui ne regardoit qu'elles, sans doute, elles auroient dou arriver à Paris sans aucun

aucun accident; mais il en étoit ordonné d'une autre maniere & voicy comme la chose se passa.

Depuis long-tems le jeune Comte de Tonnerre que vous sçavez qui est un des plus jollis garçons de France recherchoit Mademoiselle de Ligny. Son dessein étoit non seulement agréable à cette belle fille, mais encore à ses parents; de maniere qu'on ne doutoit point dans le monde que le mariage ne réüssit.

Cependant l'Evêque de Strasbourg en étoit devenu fort amoureux, & comme il ne pouvoit pas l'épouser, il songea qu'il ne pourroit goûter le plaisir de voir souvent sa maitresse, qu'en faisant le mariage de son neveu avec elle, Le rang de Prince qu'il tient en son païs, reveilla l'ambition de Madame de Ligny, & sans se souvenir des engagements qu'elle avoit apris avec le Comte de Tonnerre, elle donna eu faveur du Prince

Prince de Furstemberg sa parole à l'Evêque de Strasbourg.

Quelques mesures qu'ils voulussent garder pour que la chose fût secrette, le Comte de Tonnerre ne laissa pas d'être averty, de ce qu'on avoit medité pour faire le mariage, dans peu de jours, Il étoit amoureux, son honneur s'y trouvoit interessé & même sa fortune. Toutes ces considerations luy firent prendre le dessein d'enlever sa maitresse, quoy qu'en ce tems icy les voyes de fait soient tres-dangereuses, en France même, pour les plus grands Seigneurs du Royaume; mais enfin l'amour, le dépit & l'interêt ne consulterent point les raisons qui l'auroient conseillé d'une autre maniere, & il ne songeoit qu'aux moyens d'executer son dessein lors qu'il aprit, par les gens qu'il avoit gagnez chez Mademoiselle de Ligny, que l'Evêque de Strasbourg la devoit mener

ner à Icy, & que pour avoir plus de liberté, ils étoient dans un fiacre, incognito.

Le Comte regarda cette occasion comme la meilleure qu'il pût jamais espérer. Il jetta les yeux sur le Marquis de Sablé pour le servir dans cette affaire, c'étoit le meilleur de ses amis & un garçon sur qui on est assuré que les reflexions n'ont aucun pouvoir; il le trouva aussi tel qu'il se l'étoit promis, prêt à tout entreprendre, & ravy de joindre cette derniere avanture à des douzaines d'autres qui étoient toutes des coups de petit maître.

Ils résolurent de s'escorter de peu de gens & de les choisir fidelles & determinés. Ils envoyerent des relais pour une plus grande diligence, & comme le Comte vouloit passer en Angleterre, parce que ce Royaume est le plus proche du nôtre & qu'il avoit lieu de s'y promettre des

des protections, il jugea qu'il falloit envoyer des relais du côté de Roüen. Le Marquis de Sablé, luy-dit, que Maleville étoit sur le chemin : qu'il seroit bon d'y passer, à cause que la route est un peu détournée, & que l'on pourroit même s'y reposer quelques moments : que le Duc de Sanserre son parent y étoit depuis quelque jours, & que s'ils avoient besoin d'une nouvelle escorte, ils pourroient l'avoir en ce lieu.

Leurs mesures étant prises de cette maniere les Grisons furent mis en campagnes, & le Comte de Tonnerre, le Marquis de Sablé avec le reste de leur suite attendirent dans une maison qu'on nomme la folie Guebrian. Un peu aprés minuit, ils furent avertis que le Carosse ou devoit être Mademoiselle de Ligny, venoit de sortir de chez la Basiniere, & en effet ils le virent passer & le
sui-

suivirent jusqu'à la plaine de Grenelle, où six chevaux étoient prêts pour atteler au carosse.

Aussi-tôt on fit descendre le cocher : on ôta les chevaux de loüage : on s'approcha des portieres avec des mousquetons & l'on fit marcher à toute bride, on traversa Paris, & l'on en sortit sans que personne parlât, la Duchesse de Sanserre & la Comtesse de Jerzé, car c'étoit elles qu'on emmenoit, étoient demie mortes ; la Duchesse ne doutoit point que ce ne fût son mary qui la faisoit elever, la Comtesse en accusoit son cousin. Messieurs de Guitaux & de Cavois, étoient au desespoir ; mais il n'y avoit aucune apparence de resister à une partie aussi bien faite que celle-la & où l'on avoit pris touts les avantages.

Le carosse alloit avec la derniere diligence : les relais se trouverent à point nommé, & enfin

fin l'on arriva à Malleville, où le Comte de Tonnerre avoit resolu de faire dessendre & de laisser ceux qui étoient avec Mademoiselle de Ligny. Lors que la Duchesse reconnût sa maison, elle ne douta plus de son malheur, & sa douleur augmenta si fort qu'elle vouloit se précipiter du carosse.

Le Duc de Sanferre qui devoit aller à la chasse étoit déja dans la Cour du Château. Il fût surpris de voir arriver des Dames si matin, & s'avançant pour les recevoir, la Duchesse sortit la premiere du carosse, elle se jetta à ses pieds fondant en larmes & embrassant ses genoux. Monsieur, luy dit-elle, je suis bien malheureuse que vous ayés voulu croire les personnes qui sont assez méchantes pour vous parler contre moy, mais encore que vous m'ayés fait enlever avec Monsieur de Cavois, je puis vous pro-

protester que ma conduite est inocente.

Le Duc qui est un fort bon homme, grand chasseur & du reste grand ignorant, se confondoit entendant sa femme. Il crut qu'elle étoit devenuë folle, & comme il voyoit le Marquis de Sablé, un des principaux acteurs, de son escorte, il ne douta pas qu'elle n'eût perdu l'esprit, & que pour empêcher ce bruit fâcheux il ne l'eût amenée diligemment à la campagne, desorte que sans répondre à la Duchesse, il demanda à son parent, combien y a-il qu'elle extravague ? Sablé étoit de son côté dans un embarras inconcevable ; car il comprenoit bien la beveüe qu'ils avoient faite d'avoir enlevé Madame de Sanserre au lieu de Mademoiselle de Ligny, & qu'enfin il exposoit cette premiere aux fureurs de son mary s'il découvroit son commerce avec le Mar-

Marquis de Cavois, desorte qu'il jugea que le meilleur étoit de confirmer le Duc dans l'opinion qu'il avoit déja. Elle est devenüe folle luy dit-il, depuis trois jours, cela luy a pris par des vapeurs, & des migrênes, & les medecins ont trouvé à propos que je la menasse icy pour la faire changer d'air ; moy je suis folle, interrompit la Duchesse, depuis quand cette chimere vous est-elle entrée dans la tête ?

Le Duc cependant qui aimoit cherement sa femme l'embrassoit de tout son cœur, & pleuroit avec elle comme un enfant du malheur qu'il croyoit qui luy étoit arrivé.

Mais le Comte de Tonnerre qui ne voyoit point Mademoiselle de Ligny, & qui ne vouloit voir qu'elle, connoissant sa méprise tomba dans un desespoir si violent qu'il étoit sur le point de
mou-

mourir. La Comtesse de Jerzé n'entendoit rien à tout ce qui se passoit, & Messieurs de Cavois & de Guitaux n'y étoient pas plus sçavants. Ils voyoient le Duc embrasser sa femme avec tendresse, le Marquis de Sablé soutenir qu'elle étoit folle: le Comte de Tonnerre parler seul comme un incensé. Ils se voyoient eux-mêmes à Maleville, & ils y avoient été amenés avec tant de diligence & de précaution que tout cela, dis je, leur faisoit perdre terre, & si quelqu'un moins interressé qu'eux dans cette intrigue en avoit pu être spectateur, sans doute on se seroit fort bien diverty.

Enfin le Marquis de Sablé conduisit Madame de Jerzé & la Duchesse dans leur appartement. Le Comte de Tonnerre y vint, & comme ils se trouverent seuls dans ce moment, ils apprirent aux Dames ce qui étoit cause de cette

cette avanture. Le Comte leur en demanda mille fois pardon, & ensuite il prit congé d'elles, ne pouvant se resoudre de rester plus longtems avec des femmes qui devoient sentir beaucoup de chagrin contre luy.

La Duchesse resolut de dire pendant quelque jours des extravagances à son mary, afin qu'il ne cherchât point d'autres éclaircissement sur cette affaire; & elle fît avertir de tout le Marquis de Cavois & le Comte de Guitaux, Cependant le Comte de Tonnerre revint sur ses pas à Paris possedé de déplaisir & de rage. Il fut d'abord chez luy, mais trouvant que le silence augmentoit sa peine, il voulut chercher quelqu'un, avec qui se plaindre. Il n'ignoroit pas la passion du Comte de Fiesque pour la Duchesse de Sanserre, & sa jalousie contre le Marquis de Cavois. Il crut que le recit de ce qui venoit de luy arriver l'interessoit assez dans sa cause pour trouver avec luy quelque soulagement. Il courut aussitôt le chercher, & ne l'ayant point rancontré chez luy, il alla chez le Duc de Lediguiere, où il jugea qu'il seroit. Il ne se trompoit pas; en arrivant il apperceut le Duc & le Comte dans le Jardin; Ils se promenoient chacun dans des allées separées les bras croisez & leur chapeau enfoncé. Le Comte de Tonnerre les voyant si rêveurs ne voulut pas les interrompre, & choisissant une troisiéme allée il y marcha assez long-tems, mais le hazard fit qu'ils s'arrêterent touts trois proche d'une fontaine dont le bruit agréable les avoit attirez. Ils s'aborderent & s'embrasserent ensuite comme des gens penetrez d'une vive douleur.

Ha! mon amy, dit le Comte de Tonnerre, au Comte de Fiesque,

que, si vous sçaviés ce qui m'est arrivé cette nuit, c'est la chose du monde la plus surprenante. Je ne sçay ce que c'est, répondit le Comte en soupirant, mais rien ne peut m'étonner aprés ce qui m'est arrivé à moy même, hé Messieurs dit alors le Duc, entendez moy le premier, pour convenir que mon affaire est encore plus affligeante & plus particuliere qu'aucune que vous puissiez avoir.

Aussitôt adressant la parolle au Comte de Tonnerre, il luy dit les commencements & les progrez de sa passion pour la Duchesse de Bretagne; & enfin la derniere infidelité dans laquelle il l'avoit surprise. Tonnerre l'écouta avec assez de tranquillité jusqu'à l'endroit où Mademoiselle de Ligny & l'Evêque de Strasbourg avoient part, mais quand il en fût-là, il n'y eût plus moyen qu'il s'empêchât de l'in-
ter-

terrompre. O fatalité fans égalle! s'écriat-Il, vous aviés ma maitreffe, vous connoiffiez fans le vouloir les infidelitez de la vôtre pendant qu'avec le Marquis de Sablé je courois comme un fous aprés la Duchesse de Sanferre.

Il fit alors la naration de ce qui lui étoit arrivé. Le Duc de Lefdiguiere & le Comte de Fiefque se regardoient en l'écoutant comme des gens qui ne fçavent s'ils révent ou s'ils font bien éveillez. Ils recommencerent leurs plaintes, ils pesterent contre tout le genre humain, & cherchant quelque chose qui pût les divertir du chagrin où ils étoient abyfmez, ils furent ensemble aux Thuileries. Ils trouverent là, non seulement toute la ville, mais encore plusieurs personnes de la Cour. Ce grand nombre de gens n'étoit guere propre à rejouir trois hommes qui haïffoient jufqu'à eux mêmes. Ils paffèrent dans les petits bois &
le

le Comte de Tonnerre s'avançant vers un cabinet qui répond au Theatre, il en vit sortir un homme lequel marchoit avec tant de hâte qu'il ne lui donna pas le tems de le reconnoître. Il remarqua seulement qu'il avoit laissé tomber quelque chose, & s'étant approché, il trouva un porte lettre de cheveux mêlez d'or; il l'ouvrit & trouva dedans mon portrait, des tablettes dans lesqu'elles j'avois écrit au Chevalier de Châtillon lors que j'allois à Querdaniel; & la derniere de mes lettres, dont voici à peu prés le sens.

*S*Oyés persuadé que je suis plus malheureuse que vous, puisque vous avez la liberté de vous plaindre, & qu'on veut m'ôter jusqu'à celle de me souvenir de vous. Nous sommes absents, & la peine est égalle entre nous, avec cette difference que vous soulagez la vôtre par
l'es-

l'espérance de me revoir, & que j'augmente la mienne par la crainte qu'on ne m'en ôte les moyens. Cependant j'ose vous asseurer que c'est une chose impossible. Venés donc profiter de mon courage & de ma tendresse. Je seray encore quelque tems dans ma solitude, & celui que je passe sans vous, est, selon moy, le tems le plus cruel de ma vie.

Le Comte de Tonnerre achevoit de lire ces mots quand Messieurs de Lediguiere & de Fiesque le joignirent. Voici une saison d'avantures, leur dit-il, voiés si vous connoissés de qui est ce portrait & cette lettre. Le Duc prit la lettre, & le Comte ayant jetté les yeux sur le portrait, laissa remarquer à ses amis quelque alteration; je connois, dit-il l'original de ce portrait, & il ne peut y avoir que le Chevalier de Châtillon qui l'ait perdû. Je le croi comme vous, interrompit Monsieur de Ton

Tonnerre, car je me remets la taille de celui qui est sorti du Theâtre lors que j'y suis entré, c'est lui même; & de grace continuat-il quel est le nom de cette Dame? son portrait me plaît, infiniment, elle écrit tres bien, & pour me vanger de Mademoiselle de Ligni, je meurs d'envie d'être rival du Chevalier de Châtillon. N'en prenés pas le dessein, dit le Comte de Fiesque, en souriant, car vous deviendriés aussi le mien. Comment le vôtre, dit Tonnerre, est-ce que vous en aimés une autre avec la Duchesse de Sanserre? Elle aimoit bien le Marquis de Cavois avec moi, interrompit le Comte de Fiesque. Courage s'écria le Duc de Lediguiere, courage Messieurs les Heros de la belle galanterie, vous voila en moins d'un moment vangés, infidelles, & engagés dans une nouvelle intrigue, pendant que berné par la Duchesse de Bretagne,

gne, je serai encore assés chien pour l'aimer. Ils n'eurent point le temps de lui répondre, par ce que le Chevalier de Châtillon qui c'étoit apperçeû de la perte de son porte lettre revint aussitôt, il n'eut pas même la peine de le chercher; car il le vit entre les mains de Monsieur de Tonnerre; il apperçeût que le Duc lisoit la lettre, & que le Comte de Fiesque regardoit le portrait; Vous voila fort occupez Monsieur, leur dit-il, à faire mon invantaire, mais au moins ne mettez rien à prix; les biens du cœur n'en ont point. Vous vous trompez, dit le Comte de Fiesque, assez fierement, & ...... il alloit continuer, mais le Duc jugea qu'il étoit de sa prudence d'interrompre un commencement de conversation d'autant plus aigre, que le Chevalier & le Comte s'étoient batûs il y avoit peu, & qu'ils se trouvoient rivaux en plus d'un endroit. Je vous

vous rends, dit il au Chevalier, cette lettre que je n'aurois assurément pas leüe, si j'avois sçeu qu'elle vous eût été écrite. Je vous rends le portrait, dit le Comte de Fiesque, par ce qu'en telle maniere, je suis trop délicat pour vouloir rien du hazard; & pour moi, dit le Comte de Tonnerre, il n'y a rien à quoi je ne voulusse devoir les bontez d'une si jolie femme; & s'il est possible qu'elle vous soit fidelle je ne demanderois point d'autre avantage du monde, que d'être quelquefois en vôtre place. Le Duc & le Comte de Fiesque soupirerent entendant parler de fidelité, eux qui en connoissoient si peu parmi leurs maîtresse.

La veûe de mon portrait reveilla dans le cœur de Monsieur de Fiesque une passion qu'il écouta volontiers, comme un moien seur de se guerir de celle qu'il avoit pour la Duchesse de San-

Sanserre. Il retourna chez lui, rêva quelque tems aux moiens de me revoir, & enfin il résolut de prendre la poste & de me venir trouver à Querdaniel. Il avoit remarqué par la lettre que j'écrivois au Chevalier, que je l'y attendois; que j'étois seule & qu'il ne me commettoit point par ce voiage. Mais il pensa que s'il pouvoit me tromper, & que je le prisse pour celui que j'aimois, il en seroit encore mieux reçeu.

Le dessein ou le hasard firent rester entre ses mains les tablettes que je vous ai dit, Madame, que j'avois envoiées au Chevalier, & qu'il avoit trouvées dans le porte-lettres. Il resolut de s'en servir, pour me tromper plus aisément, & aiant feint un voyage à Leurou, il prit le chemin de Bretagne avec beaucoup de diligence. Il s'arrêta à un quart de lieüe de chez moi. Il instruisit du Vignaux qu'il qu'il avoit amené avec lui, & me l'envoia. Celui-ci, pour parler à moi plus facilement, dit qu'il venoit de la part du Duc de Chaulne, & étant entré, il me fit ses complimens devant mon beaufrere qui ne soupçonna rien de particulier, mais aiant ensuitte trouvé un moment favorable pour me donner les tablettes dont le Comte l'avoit chargé; Madame, me dit-il, le Chevalier de Châtillon attend vos ordres prés d'ici. Je pris les tablettes avec empressement, j'entray dans mon cabinet & les aiant ouvertes j'y trouvay ces mots.

Vous m'avés commandé de venir, & mon amour m'a guidé; c'est à vôtre bonté, Madame, de faire le reste; je meurs d'impatience d'être à vos pieds; il me semble que si vous prenés des mesures justes ce pourra être dés ce soir.

Je

Je trouvai quelque difference au caractere que je voiois & à celui du Chevalier, mais je souhaitois trop que ce fût lui, pour n'aider pas à m'y tromper. Je retournai où ce Gentilhomme m'attendoit, & je lui dis que lors que la nuit seroit venuë, j'irois dans le pavillon du parc : qu'il y avoit une porte qui donnoit sur la Mer: qu'elle seroit ouverte, & que le Chevalier ne manquât pas d'y venir.

Avec cette instruction, il retourna où son maître l'attendoit; & lors que je vis approcher l'heure du rendez-vous, je fus dans le Parc suivie seulement de Leance, Je lui dis avec beaucoup de joye que le Chevalier étoit arrivé, & qu'elle l'attendit à la porte, pour le mener dans le pavillon, & en effet il n'y avoit qu'un moment que j'y étois quand Leance entra avec un homme qui la suivoit. Nous n'avions point de flambeaux de crainte que la lumiere ne donnât

donnât des soupçons à mon beau frere, & que ce garde vigilant ne nous vint surprendre; desorte que la nuit étant assez brune le Comte de Fiesque ne trouva aucune dificulté à passer pour le Chevalier de Châtillon.

Si vous avés de la joie de me voir, lui dis-je, en le saluant, & si vous faites beaucoup pour moi en me venant chercher si loin, je ne fais pas moins pour vous en vous recevant; car il est vrai que si Monsieur de Querdaniel en sçavoit quelque chose, il n'y auroit point d'extrêmitez où il ne se portât. Le feint Chevalier me répondit tout ce que sa tendresse lui pût inspirer, & j'étois si parfaitement prévenüe que c'étoit lui que je ne remarquois aucune difference dans le son de sa voix.

Il y avoit déja quelque tems que nous étions ensemble & que nous donnions à la satisfaction de nous revoir touts les témoignagnages d'une joye extrême, lors-que Leance ouvrit la porte brusquement, & il entra un homme aprés elle dont j'eus grande peur, craignant d'être trahye, & que ce ne fût mon beau-frere, ou peut-être même mon mary; Madame, dit cette fille, en riant, le Chevalier a toujours besoin de guides; sans moy je croy qu'il n'auroit pas retrouvé le pavillon. Où étes vous ma Reine dit le Chevalier de Châtillon en s'approchant vers l'endroit où il entendoit du bruit, & ouvrant les bras pour m'embrasser il embrassa le Comte de Fiesque qui vouloit passer entre moy & la muraille, pour sortir. Il n'eut pas de peine à connoître, qu'il tenoit un homme au lieu de moy. Sa surprise & sa fureur devinrent égalles, Le Comte qui craignoit en ma consideration, les suites de cette affaire, si le Chevalier le retenoit plus long-tems, fit un effort

effort pour se desbarasser ; mais il fut inutile, car le Chevalier mit l'épée à la main, le Comte en fit autant, Leance & moy n'osions appeller du monde, par les raisons que vous pouvés-vous imaginer, & jamais rien n'a été égal à nôtre trouble & à nôtre crainte. Nous n'avions aucunes lumieres pendant tout ce desordre, & j'ignorois encore lequel du premier ou du second de ces deux hommes étoit mon amant, mais il me sembloit que j'aurois bien voulu sauver l'un & l'autre.

Cependant ils se battoient avec un courage & une furie extraordinaire, lors que le Chevalier trouvant quelque chose sous ses pieds tomba, & le Comte dans ce moment étoit maître de luy ôter la vie, s'il eût voulu profiter de ses avantage ; mais quoy qu'il fût déja dangereusement blessé, il n'en voulut pas prendre

dre la vengence, & s'adreſſant à moy, il me dit, le ſacrifice que je vous fais Madame eſt un des plus conſiderables que je puiſſe vous faire; je vous donne la vie d'un rival aimé; mais au moins ſouvenés vous qu'il n'y a qu'un inſtant que vôtre cœur étoit à moy, & ſi vous me l'ôtez pour le luy rendre, vous étes la plus injuſte perſonne du monde. En achevant ces mots il ſortit avec précipitation; le Chevalier n'en eût pas moins pour ſe relever, il voulut encore le ſuivre l'épée à la main, mais ne ſçachant de quel côté il étoit allé, il entra dans le cabinet.

Je ne peux vous dire Madame ce que j'avois ſenty dans tous ce tems n'y l'état où j'étois. Je comprenois bien que ſous le nom du Chevalier, j'avois été trompée par un autre. Je ne ſçavois qui étoit cet autre, & je ne m'imaginois point comment le Chevalier

valier étoit arrivé au moment même que je penſois étre avec luy, & comme quoy mes tablettes avoient aidé à cette piece; Enfin je faiſois reflexion à ce que le Chevalier avoit lieu de croire de moi, & à ce qu'en diroit cet inconnu, ſi ma gloire ne luy étoit point de quelque recommendation.

Le Chevalier me trouva toute en larmes; mais bien loin d'en être touché, infidelle, me dit-il, ne craignés vous point l'emportement & la juſte vengeance d'un homme trahy & deſeſperé; J'en craindrois tout en effet, luy-dis-je; ſi mon innocence ne ſervoit à me raſſurer, je ne vous demande que le tems d'entendre ma juſtification pour être certaine que vous en ſerez ſatisfait. Ouï perfide s'écria-il, d'un ton de voix plein de colere, je ſeray ſatisfait de vous trouver enfermée avec un rival heureux

E dans

dans le moment que je quitte tout pour vous venir chercher. C'étoit donc, ajouta-il, pour le faire triompher à mes yeux que vous m'écrivîtes de partir avec tant de diligence? mais malgré vôtre malice, je vous considere encore trop pour vous perdre par l'éclat que je pourois faire; je me contente de vous dire un éternel à Dieu, & d'avoir pour vous tout le mépris & toute l'indiference que merite vôtre conduite. En achevant ces mots il sortit & me laissa si éperdüe de surprise & de douleur que je n'eus ni la force de luy parler, ni celle de le retenir. Je me jettay sur un lit de repos où je restay tres-long-tems sans pouvoir pleurer ni me plaindre; & pour Leance elle paroissoit inconsolable d'avoir contribüé à cette avanture.

Pour vous faire mieux entendre de quelle maniere elle étoit arrivée. Je dois vous dire, Madame

dame, que le Chevalier sçavoit que j'étois souvent dans le pavillon du parc & qu'il connoissoit déja la porte qui répondoit à la Mer; dés qu'il fût arrivé, il vint voir, si elle n'étoit point ouverte, & la pouffant doucement, Leance qui étoit proche, demanda qui c'étoit, il reconnut sa voix, la conjura de le mener où j'étois, elle crut qu'il venoit de sortir sans qu'elle l'eut veu, & qu'il ne pouvoit trouver le chemin du pavillon, de maniere qu'elle l'y conduisit. Cette fille me representa avec beaucoup de larmes, que si je negligois de me retirer avant que le jour parût, je courois risque d'ajouter encore de nouvelles peines à celles que j'avois déja, il me sembloit bien qu'il étoit impossible; mais par complaisance pour elle plûtôt que par aucun ménagement pour moy, je sortis du pavillon, pour retourner dans mon ap-

appartement. Il faisoit alors une lumiere sombre, qui sembloit promettre bientôt le jour, & qui laissoit déja distinguer les objets. Comme je traversois une grande allée, j'apperçeus (juste Ciel! j'en tremble encore) j'apperçeus dis-je un homme couché sous des arbres, noyé dans son sang, qui m'appella d'une voix foible & mourante; je courus à luy, & m'en étant approchée, je reconnus avec une surprise extrême que c'étoit le Comte de Fiesque, qui me dit (en me regardant tendrement) la passion que j'ay eüe pour vous Madame m'a mis en l'état où vous me voyés. Je suis cependant contant de ma mort, puisque je peux vous demander pardon, & m'excuser sur la force de mon amour. Ne me laissez pas mourir en ce lieu ici, vôtre gloire s'y trouveroit trop interessée; je suis si blessé que je n'ay plus qu'un moment à vivre,

vre, profitez en pour m'aider à sortir de chez vous, helas ! quel fut mon trouble & ma douleur à cette triste veüe ; il me sembla qu'il y auroit trop d'inhumanité de l'abandonner dans un état si pitoyable, & prenant tout d'un coup ma resolution, non, luy dis-je, je ne vous aideray point à sortir de chez moy, quelque déplaisir qui puisse m'arriver de vous y retenir ; en effet Leance & moy le conduisimes avec beaucoup de peines dans le pavillon ; nous le couchâmes sur un lit de repos, & je restay auprés de luy ; pendant que Leance fut chercher de quoy le secourir. Lorsque son sang fût arrêté je luy dis à Dieu, ayant remarqué que ma presence luy pouvoit faire du mal. Je l'asseuray que je le viendrois voir avec soin, qu'il ne s'inquietât de rien, & que j'allois chercher les moyens de mettre ordre à tout.

Je me retirai ensuitte, dans un accablement & dans une agitation, que je ne puis vous representer. Qu'est-ce que tout ceci, disois je à Leance: ô ciel! que ferai-je, du Comte de Fiesque. Comment me justifirai-je avec le Chevalier de Châtillon, & comment pourrai-je éviter que mon beau frere ne sçache ce qui se passe? Est-il au monde une avanture plus extraordinaire & plus cruelle? Consolés-vous Madame disoit-elle, si le Chevalier cesse de vous aimer, le comte vous offre son cœur, ha! pauvre fille m'écriai-je alors, crois tu quand on aime qu'on puisse reparer la perte de son amant, par ce qu'on en retrouve un autre; ouy Madame continua-t-elle, je pense qu'entre deux hommes de merite, celui qui aime le dernier doit toûjours être le preferé, ou du moins il doit étre aussi heureux que son rival; sans doute dis-je,

en

en l'interrompant, tu es de celles qui comptent qu'un & un font deux, & tu te resoudrois plûtôt à en aimer une douzaine qu'à être ingrate pour un seul, mais à mon égard il n'en est pas de même, le Comte me paroît aimable, & cependant je ne puis que le haïr. En verité Madame, reprit Leance, je croi qu'un autre poura bientôt chercher à établir sa fortune sur la ruine de ces deux rivaux ici ; car enfin voila le Chevalier perdu ; le pauvre Comte est prêt à mourir, & je ne pense pas que par un capricieux dépit, & pour vous venger de vos deux malheureux amants il vous prenne envie d'aimer quelque jour, vôtre trop incommode époux.

Si-tôt que je pûs sortir de mon appartement sans donner du soupçon à mon beau frere, je fus au pavillon du Parc, & je chargay Leance de toutes les choses que je

crûs

crûs necessaires pour soulager le Comte! Que vous étes bonne Madame, me dit-il, aprés m'avoir remerciée. & que je serois heureux, si vôtre cœur avoit autant de part à ce que vous faites que vôtre generosité. Cela ne se peut, lui dis-je, en soupirant, & laissant tomber quelque larmes, que je ne sçeus retenir) ne vous en flattés point, je vous dois ma haine & tout mon ressentiment aprés la maniere cruelle dont vous m'avés trompée, ha! Madame s'écriat-il, d'un air tendre & affligé, puisque vous me devés haïr, laissés moi donc mourir; non dis-je en l'interrompant, je veux que vous viviez, & je vous permets d'éxpliquer en vôtre faveur l'ordre que je vous en donne, mais si vous en avés la force racontés moi de bonne foi ce qui vous a engagé de venir ici, & comment sont vos affaires avec la Duchesse de Sanserre; Il prit aussi-tôt la parol-

parolle & m'apprit, Madame, les particularités que je viens de vous dire, sur l'enlevement de Mademoiselle de Ligni, de la Duchesse de Sanserre, & sur le portelettre. Pendant que nous nous entretenions, j'avois envoié Leance chez sa mere & elles resolurent ensemble que le soir même elles prendroient une Chalouppe pour uenir jusques à la porte du Parc, & qu'on mettroit le Comte dedans; qu'elle le meneroit chez elle & le serviroit là comme je pouvois le souhaitter. Leance vint me rendre compte de ce qu'elle avoit arrêté. Je le trouvai fort bien: la chose fût tres secrettement conduitte, & je vis partir le Comte avec une émotion & une peine que je lui cachai autant que je pûs & que j'aurois bien voulû me cacher à moi même.

Le procedé du Chevalier joint à l'absence du Comte me jetterent dans une telle mélancolie que pour éviter de recevoir des visites, je feignis d'être malade. Cependant je me fis informer de ce qu'avoit fait le Chevalier, en sortant du parc, & je sçeus qu'il étoit remonté aussi-tôt à cheval. Je jugai par la promtitude de son départ qu'il n'écoutoit plus que sa colere & que je ferois des efforts inutiles pour ma justification.

Tant de chagrins & de troubles n'altererent pas seulement la tranquilité de mon esprit, ma santé en eût le contrecoup. Il me prit une fievre tres dangereuse qui redoubla extrémement, parce que le Comte de Fiesque m'écrivit à son retour à Paris. Il me mandoit qu'il étoit trop dans mes interêts, pour me taire une nouvelle que toute la France sçavoit déja; qu'enfin le Chevalier de Châtillon avoit reçeu agreablement les avances de la Duchesse de Cleveland: que cette étrangere conservoit encore des charmes bien engageants, gageantes, & que selon les esperances quand une fois on s'embarquoit avec elle, elle menoit les gens fort loin. L'exemple du Roi d'Angleterre qui l'a aimée tres longtems, malgré mille infidelités, qu'elle lui a faittes, m'instruisoit assez de ce que j'en devois croire, & quoi qu'elle n'ait plus la charmante jeunesse qui plaît & qui engage si fort, elle paye & traitte si bien ses amants que je n'eus pas de peine d'ajoûter foi à cette crüelle nouvelle. Ma fievre en redoubla & je me vis prête de finir mes malheurs avec ma vie.

Monsieur de Querdaniel étant de retour de l'Armée aprit à Paris mon extrêmité. Son amour étoufa pour quelque tems la violance de sa jalousie, il vint me trouver, n'obmit rien de ce qui pouvoit contribuer à ma santé. & lorsque je fus un peu mieux il me fit partir pour Paris. J'y arrivai sans aucune joie; mes amis m'en témoignerent une forte obligeante de mon retour, & j'y parûs seule insensible; la pauvre Princesse de Monaco qui venoit de mourir me fût un tres-bon prétexte pour donner une entiere liberté à ma douleur. Sans compter que nous étions proche parentes, nous avions ensemble des liaisons fort étroites, & je regardai sa perte comme un des plus veritables malheurs qui pouvoit m'arriver. Ne l'aiant donc plus pour m'informer des sentiments du Chevalier de Châtillon, je jettay les yeux sur la Marquise de Verville, qui étoit son intime amie & la mienne. C'est une des plus aimables femmes du monde; elle me vint voir avec beaucoup de tendresse & elle jugea bien que ma mélancolie, avoit des causes encore plus pressantes que celles de la mort de Madame de Monaco.

Elle sçavoit par le Chevalier

ce qui s'étoit passé chez moi, car il n'avoit pû s'empêcher de lui en parler, & je lui en parlai à mon tour, pour la conjurer de lui apprendre mon innocence. Il est terriblement prévenu, me dit-elle, & l'on doit aussi convenir, que ces sorttes d'avantures, ne se trouvent plus que dans les Romans; & en suis je moins malheureuse, & plus coupable, m'écriai-je ? la singularité fait-elle mon crime ? non dit-elle, mais à la verité, elle n'aide pas à persuader vôtre innocence.

Cependant je vous promets de voir le Chevalier & de lui faire valoir tous les sentiments de bonté que vous avés pour lui. Le Comte de Fiesque arriva comme la Marquise sortoit de chez moi; il voulût profiter de ce moment où il me trouvoit seule, & si languissante qu'il ma dit depuis que la tendresse en redoubla. Il se mit à genoux proche de mon lit, &

il me dit tout ce que la passion la plus pressante peut inspirer. Je lui témoignai d'abord plus de chagrin que je n'en ressentois en effet; & mon inclination écoutant favorablement les motifs de politique, je pensai que dans une affaire comme celle qui s'étoit passée entre nous, il falloit beaucoup de ménagements. Que si je lui deffendois de me voir, je pourrois m'attirer des effects desagreables de son dépit, & je résolus enfin de le conserver à cause de ma gloire, & je pense aussi à cause de lui même.

Quoi que mon esprit restât toûjours affligé, ma santé ne laissa pas de se rétablir, & Monsieur de Querdaniel qui ne voioit plus le Chevalier de Châtillon paroissoit un peu moins inquiet. Mes amis trouvoient que ma vie etoit dans une meilleure situation, qu'à l'ordinaire; mais qu'ils étoient trompés, & que les peines
du

du cœur sont bien, selon moi, les plus sensibles.

Un jour entr'autres que j'allay voir la Marquise de Verville, elle m'aprit que le Chevalier avoit traité tout ce qu'elle lui avoit dit de ma part sur l'avanture du pavillon, comme une belle chimere à laqu'elle j'avois donné les couleurs qu'il m'avoit plû, & elle ajoûta tant de particularités desobligeantes sur ces sentiments, qu'enfin je l'interrompis & je lui dis avec un dépit & une colere extrême, & bien, Madame, il n'entendra plus parler de cette chimere, il cherche à rompre, je lui accorde ce qu'il veut, assurez l'en je vous en conjure, il a déja repris son cœur & je reprends le mien pour jamais, aussi bien le traître a disposé de toute sa tendresse en faveur de la Duchesse de Cleveland; Comme j'en étois en cet endroit je le vis entrer, & n'écoutant alors que mon ressentiment

timent je le regarday avec beaucoup de fierté & sortis aussi-tôt sans parler, ni à la Marquise, ni à luy; je montai en carosse dans un trouble inconcevable. Il me parut que le Chevalier avoit voulu me suivre (& il étoit vray) mais Madame de Verville le retint craignant que ce ne fût pour me faire des reproches.

Cependant ma presence n'avoit pas mediocrement agi sur son cœur. Il pria la Marquise de luy procurer les moyens de me voir, de m'assurer qu'il ne c'étoit attaché à la Duchesse de Cleveland que par un effet de son desespoir, & qu'enfin si je prenois quelque soins pour le rappeler, il seroit bien-tôt de retour.

Lors que je fus revenüe chez moy j'y trouvay la Marquise de Rambure, qui m'attandoit, & malgré tout mon chagrin, il fallût que j'eusse la complaisance d'ald'aller à la comedie avec elle. Nous fûmes placées dans un des balcons qui donne sur le Theatre. Le Duc de Lediguiere y étoit, il vint nous parler, & le Comte de Tonnerre qui n'avoit point encore perdu l'idée de mon portrait luy-dit, après m'avoir regardée quelque tems; je ne me trompe point Monsieur, cette Dame est la même dont le Chevalier de Châtillon a un portrait, mais quoy qu'il en puisse arriver, il me semble que j'ay de grandes dispositions à devenir son rival, avés vous oublié, luy dit le Duc, en souriant, que vous le seriez aussi de Monsieur de Fiesque? & voudriés vous luy faire un si méchant tour. Le Comte de Tonnerre ne luy repliqua rien, & resta fort rêveur.

Le jeune de Furstemberg (qui savoit depuis peu de jours épousé la belle Mademoiselle de Ligny) arriva dans ce même tems. Sa presence

presence acheva de mettre le Comte de Tonnerre en mauvaise humeur. Il luy fit aussi des brusqueries, & luy dit des choses qui penserent sur le champ avoir des suittes fâcheuses. Mais le lendemain s'étant rencontrez dans un embaras, les pages & les laquais du Prince attaquerent ceux du Comte, les maîtres enterent dans la querelle, se battirent & le Prince resta blessé.

Comme on ne sçavoit de quelle maniere ce combat seroit expliqué à la Cour, le Comte se tint caché; mais son desir de me connoître étant encore plus fort que sa crainte, il fût trouver la Marquise de Rambure avec qui il m'avoit veüe, & la pria de l'amener chez nous. Vous n'êtes pas sage, luy dit-elle en riant, de songer à faire des visites quand vous avés une grosse affaire sur les bras, O Madame, luy dit-il, je suis plus prudent que vous ne

me

me faites l'honneur de le croire, & j'ay déja pensé qu'il faut m'habiller en fille. Pour cet expediant, dit-elle, (en riant encore plus fort) je le trouve de mise, en effet elle crut bien que cela la divertiroit, & sans autre reflexion elle y consentit. Le Comte de Tonnerre a le teint délicat, la taille petite & aisée, les cheveux blonds, & quoy qu'il ne pût passer pour une belle fille, il est assez agreable pour qu'on si méprît aisément. La Marquise se réjoüit beaucoup en l'habillant & resolut de m'y tromper autant qu'elle pourroit.

Elle entroit d'ordinaire dans ma chambre sans m'en faire avertir, nous étions intimes amies & j'avois chez elle la même liberté. Cette fois là, je restay tres embarassée de la voir. En voicy la raison.

Monsieur de Pomenar étoit ami depuis long-tems d'un homme

me de qualité appellé le Comte de Creance. Ce Comte n'avoit qu'une fille unique, riche, belle & jeune. Monsieur de Pomenar qui a de l'esprit autant qu'homme du monde ne pût se deffendre des charmes de cette aimable personne; il en devint éperduement amoureux, & il eût le bonheur de luy plaire, mais comme il n'avoit pas assez de bien, pour esperer de faire consentir le Comte de Creance à luy donner sa fille ; pour avoir plûtôt fait, il l'enleva, l'épousa & vivoit avec elle dans un château bien fortifié, où il s'étoit retiré. Pour éviter la juste colere de Monsieur de Creance, Madame de Pomenar revint bientôt de l'entêtement qu'elle avoit eu pour son mary. Elle se trouva prisonniere dans le tems où elle se flattoit de joüir de toute sa liberté. Elle connut la faute qu'elle avoit faite de se donner à un homme dont

dont la fortune étoit beaucoup au deſſous de la ſienne. Le chagrin la prit & il augmenta extrêmement par les jalouſies de ſon mary.

Le Marquis de Quauquin qui étoit parent de cette Dame, jeune, brave & riche, étoit auſſi ſon voiſin. Il la voyoit ſouvent, il en devint amoureux & il en fût aimé, mais il falloit qu'ils gardaſſent de grandes meſures, parce qu'ils avoient pour ſurveillant, un homme adroit, & qui ſçavoit les tours de la plus fine galanterie. Les obſtacles qu'ils trouverent augmenterent leur empreſſement & leur tendreſſe, de maniere que le Marquis de Quauquin, étant obligé de ſe rendre à la Cour, il ne voulut point partir ſans tirer parole de Madame de Pomenar qu'elle mettroit tout en uſage pour venir à Paris. La choſe eſt aſſez propre à tanter d'elle même, mais ſur tout

tout pour une jeune & belle Provinciale qui en étoit pressée, par un amant qu'elle trouvoit aimable. Pour réüssir dans son dessein elle contrefit l'écriture du Chevalier de Pomenar (lequel commande un vaisseau du Roy) il mandoit à son frere qu'il avoit fait une prise considerable, & que s'il vouloit venir à la Rochelle qu'ils la partageroient ensemble. Quoy qu'il n'y eût guerre d'apparence à cela, neantmoins Pomenar donna dans le paneau & il partit le lendemain sans dire à sa femme où il alloit. Mais comme elle le sçavoit mieux que personne, quoy qu'elle n'en fit pas semblant dés qu'il eût pris le chemin de la Rochelle, elle envoya querir un Gentil-homme que le Marquis de Quauquin avoit laissé exprés pour luy aider en tout ce qu'elle entreprendroit, & luy fournir les choses dont elle auroit besoin. Elle s'habilla en homme me & vint dans une chaise de poste à Paris. Elle ne doutoit pas que son mary ne trouvant point son frere, le Chevalier prendroit des soupçons contr'elle, reviendroit en diligence, & la suivroit sans perdre un moment.

Ce qu'elle avoit imaginé arriva, car en effet Pomenar devina la piece que sa femme venoit de luy faire, & il n'oublia rien pour la joindre, mais elle avoit si heureusement pris son tems, qu'elle arriva avant luy. Le Marquis de Qusuquin en receut un avis fort précipité, il alla au devant d'elle sans avoir pensé à luy assurer une retraite, & quand ils furent ensemble & qu'ils forgerent où il la meneroit, jamais gens n'ont été plus embarassez. Enfin ils jetterent les yeux sur ma maison. J'étois amie de tous les deux & leur voisine en Province. Monsieur de Pomenar ne me voyoit que rarement, & quoyque

que j'eusse avec la Marquise de Quauquin une liaison fort étroite, ils s'assurerent que je ne trahirois point leur secret; ainsi Monsieur de Quauquin sans héziter vint descendre chez moy avec Madame de Pomenar si belle, & si bien sous l'habit d'homme que je n'ay en ma vie rien veû de plus aimable, Elle me dit (lors qu'elle fût en liberté de me parler) qu'elle me vouloit devoir son repos, qu'elle étoit persuadée que ses malheurs me toucheroient plus aisément qu'une autre, parce que j'avois l'esprit bien tourné, & que je faisois aussi bien qu'elle une triste experience de la bizarerie d'un mary : que le sien depuis quelque tems, mettoit sa patience à mille épreuves desesperantes : quelle me conjuroit de la proteger & de la garder chez moy jusqu'à ce qu'elle eût pris des mesures pour entrer dans un Couvent. Je l'assurai en l'embras-

brassant, qu'elle ne se trompoit
point, de compter sur ma pitié,
& sur le desir que j'avois de la servir, & que j'adoucirois le triste
état de sa fortune par tout ce qui
seroit en mon pouvoir. Elle & le
Marquis de Quauquin me re-
mercioient encore, lors que la
Marquise de Rambure entra suivie du Comte de Tonnerre, vêtu en fille. Elle me le presenta
sous le nom d'une de ses parentes
qui étoit arrivée depuis peu à Paris. Le Marquis de Quauquin
sortit aussitôt, & Madame de
Pomenar craignant d'être connuë
soutint le personnage de Cavalier d'un air si naturel que les plus
habiles y auroient été trompez.
A mon égard, j'étois si inquie-
te, qu'on ne la reconnût, que
je ne faisois aucune reflexion, sur
le Comte de Tonnerre, qui pût
m'instruire, de ce qui se passoit,
& il est vray encore qu'il étoit de
son côté tres-bien deguisé.
F Le

La Marquise de Rambure connoît bien plus vite qu'une autre ce qui est aimable, & elle resta si surprise de la beauté de Madame de Pomenar qu'il luy sembla qu'elle n'avoit jamais rien veu de mieux fait. Elle resolut de faire la conquête d'un homme si charmant, & pour avoir lieu de l'entretenir avec plus de liberté, elle me proposa de descendre dans le jardin.

Nous nous promenâmes d'abord tous ensemble, mais Madame de Rambure s'avançant un peu entra avec le feint Cavalier dans un grand cabinet couvert. Je restay sur le bord d'une fontaine où le Comte de Tonnerre m'arresta adroitement sans que je soupçonnasse rien de son déguisement. Madame de Rambure se voyant seule avec un homme pour qui elle sentoit déja tant d'inclination commença de la questionner pour voir s'il avoit

autant

autant d'esprit que de charmes. Elle luy en trouva même davantage, & que sur le chapître de la galanterie, il n'étoit rien moins que novice; car il faut sçavoir que Madame de Pomenar, à qui cette avanture avoit paru extrèmement plaisante, sans songer aux consequences qu'elle pourroit avoir, s'en donna au cœur joye; la Pauvre Rambure en fut le duppe tres longtems; mais enfin sans que j'aye mieux demêlé ce qui se passa entr'elles, & si ce fût par une confidence que luy fit Madame de Pomenar ou par quelque accident, elle connut l'erreur où elle étoit, & elle le connût avec un dépit d'autant plus sensible que croyant que j'y avois contribué elle ne s'en trouvoit point assez vangée par la tromperie qu'elle m'avoit faite à son tour, en me laissant avec le Comte de Tonnerre vêtu en fille.

Elle quitta brusquement Madame de Pomenar, & vint à la fontaine où j'étois. Elle vit que sa parante supposée & moy nous embrassions de tout nôtre cœur, & que nous avions déja fait grande amitié ensemble. Comtesse, me cria-t-elle, j'ay quelque chose à vous dire, ma cousine le voudra bien ; je me levay aussi-tôt pour la joindre, & le Comte de Tonnerre qui se trouva seul prit le parti d'aller dans le cabinet, où Madame de Pomenar étoit occupée à raccommoder le desordre dans lequel la Marquise de Rambure l'avoit mise. C'auroit été dequoy se divertir assez bien de voir dans ce moment le Comte de Tonnerre vêtu en fille & Madame de Pomenar en homme, s'entretenir sans se connoître, mais c'est ce qui ne pouvoit durer long-tems, le faux Cavalier dit des douceurs, à la fausse Demoiselle qui les écouta ta si volontiers que Madame de Pomenar cragnit d'être embarquée dans une affaire pire que celle qu'elle venoit d'avoir avec Madame de Rambure, & dont elle se tireroit aussi peu à son avantage. Mais la fausse Demoiselle qui étoit émeuë de je ne sçay quel esprit de simpathie quelle ne pouvoit démêler elle même, fit enfin tant d'avances que Madame de Pomener surprise, qu'il pût se trouver encore une personne aussi hardie que Madame de Rambure, regarda celle-cy avec plus d'attention, & le clair de la Lune leur fournit dans ce moment assez de lumiere pour pouvoir connoître leur commun déguisement. Le Comte de Tonnerre, resta charmé de la beauté & des graces naturelles de la jeune Pomenar. Il en devint éperduëment amoureux & il auroit trouvé dans son cœur, un favorable retour si le Marquis de

Quau-

Quauquin ne l'avoit pas déja tout occupé.

Cependant la Marquise de Rambure m'avoit fait de grands reproches de ne lui avoir point dit que c'étoit avec une femme qu'elle êtoit. Ce sont là s'écrioit-elle de ces sortes de tours qui ne se pardonnent jamais, & que je ne vous pardonnerai pas aussi. Vous auriés bien de l'injustice, lui dis-je, de me rendre responsable d'une avanture où mon intention n'a aucune part, & pour vous en convaincre, sous les conditions de me garder le secret, je vous apprendrai toutes choses. Elle me le promit & je lui racontai ce que je sçavois de la fortune de Madame de Pomenar, qui n'aiant plus à ménager son sexe, à l'égard de la Marquise, & le Comte de Tonnerre, ne voulant point sortir de chez moi sans que je le connusse, ils changerent d'habits, cela s'appelle que le Comte

prit

prit le juste-au-corps & le chapeau de Madame de Pomenar & qu'elle mit la juppe & les cornettes du Comte.

Ils vinrent au devant de nous en pâmant de rire. Je restai surprise d'une metamorphose qui me paroissoit d'une si bonne intelligence & aprés que nous eûmes fait tous ensemble reflexion à cette avanture, nous la trouvâmes si plaisante : nous en parlâmes si haut & en rîmes de si bon cœur, que nos femmes qui étoient à des fenêtres basses, nous entendirent & nous regarderent avec attention.

J'avois une Demoiselle auprés de moi qui étoit extrêmement bizarre, & malicieuse ; elle étoit toujours disposée à faire de fausses confidences à mon mary, de lui encore plus disposé à les entendre. Elle comprit donc que Madame de Pomenar étoit un homme, que je l'aimois, que j'en avois

F 4 fait

fait confidence à la Marquise de Rambure, & que par son avis je l'avois fait habiller en fille: que nous avions pris les habits de la parente de la Marquise, & que la fin de la chose étoit pour garder ce Cavalier avec moi sans qu'on le sçeût, le faisant passer pour une femme.

Cette méchante personne demeura persuadée d'une chimere si éloignée du sens commun, & elle attendoit le retour de mon mary avec mille impatience, pour avoir auprés de lui le meritte de lui en faire part la premiere. Il étoit depuis quelque jour à Saint Germain & pouvant disposer de mon lit, j'en donnai la moitié à Madame de Pomenar, qui ne quita plus l'habit de femme; mais quoi qu'elle y fût si belle qu'on ne pouvoit pas sans être folle la prendre pour un homme, neantmoins l'extravagante qui me servoit s'étoit la dessus si fort prevenüe

venüe qu'elle ne sçavoit ou plûtôt qu'elle ne vouloit pas se detromper, & je croi que mon malheur y contribuoit beaucoup.

Le Comte de Tonnerre n'aiant pas encore accommodé son affaire avec le Prince de Furstemberg venoit tous les soirs chez moi vetu en fille. Il trouvoit ce deguisement de la plus grande commodité du monde. Il lui servoit à prendre des manieres plus familieres avec Madame de Pomenar, & quoi qu'elle ne l'aimât pas, elle le recevoit assez bien pour lui laisser tous les plaisirs de l'esperance, & fort souvent en amour ce sont les plus sensibles.

Quoi que le Chevalier de Châtillon ne me vît plus & que j'eusse déja dit à la Marquise de Verville que je ne voulois jamais entendre parler de lui, ce refus n'avoit servi qu'à lui donner plus d'empressement, & il s'adressa à Leance, parce qu'il sçavoit que je l'aimois,

F 5

mois, pour l'engager de le servir auprés de moi. Il lui fit un present considerable, & joignant à cela le souvenir de ce qu'il avoit fait pour elle en d'autres occasions, il la mit en état de ne lui rien refuser ; je tenterai tout ce qu'il vous plaira lui dit cette infidelle, mais je crains avec de justes raisons de ne pas réussir. Ces raisons le firent trembler; de nouveaux soupçons se jetterent dans son ame, il la pressa, il y joignit des menaces & des promesses, & pour conclusion elle lui dit que sa compagne & elle étoient témoins que j'aimois un jeune cavalier, plus beau que le jour, que je l'aimois dis-je avec si peu de ménagement qu'aprés l'avoir laissé paroître sous son habit d'homme je m'étois avisée, par le Conseil de la Marquise de Rambure, de lui en donner un de femme, & qu'ainsi, à la faveur de ce deguisement, nous passions les jours & les nuits ensemble.

Bon

Bon Dieu qu'elle nouvelle pour un homme amoureux qui songe à oublier un sensible sujet de pleinte & qui veut sacrifier une maîtresse de qui il recevoit mille témoignages de passion? Il est vrai aussi que dans ce premier mouvement il fût sur le point de se porter aux dernieres extrêmitez. Leonce en pensa mourir de frayeur, elle le conjura de moderer sa colére & elle ne l'obtint que sous les conditions qu'elle lui fourniroit le moien de se vanger de son rival.

Cependant le Marquis de Quauquin trouva un couvent pour Madame de Pomenars, il vint la prendre chez moi & l'y mena sur le champ. Elle ne partit pas sans m'avoir fait tous les romerciments, dont une personne fort reconnoissante peut-être capable, & je l'assurai de mon côté que je ne resserois point d'être de ses amies, & que je lui en donnerois tous les témoignages qui seroient en mon pouvoir. Monsieur de Querdaniel arriva deux heures après qu'elle fut partie de chez moi. J'étois allée chez Madame Daubra qui étoit à l'extrémité d'un poison lent qu'on lui avoit donné, & qui enfin la fit mourir. Je n'avois guere lieu de la regretter, après tant de mauvais offices qu'elle m'avoit rendus, mais en verité il est des états contre lesquels on ne sçauroit garder du ressentiment.

Cette fille qui avoit medité ma perte voyant mon mary de retour, & que Madame de Pomenar ne paroissoit plus, se confirma encore plus fortement que c'étoit un homme; ainsi sans y faire de plus solides reflexions elle fut dans l'appartement de Monsieur de Querdaniel, & couvrant sa malice d'un faux zele, elle lui raconta tout ce qu'elle croioit sçavoir de cette intrigue, comme au-

tant

tant de veritez incontestables. Elle lui dit encore que s'il ne vouloit pas ajoûter foi à son avis, il pouvoit s'informer dans la maison de ce qui s'étoit passé, & que tous les domestiques sçavoient comme elle, que cet homme s'étoit travesty en femme. Monsieur de Querdaniel enragé contre moi n'en fit qu'une legere enquête. Il auroit, je pense, été fâché de ne me trouver pas coupable, & roulant dans sa tête mille moiens de se vanger, il crut que le plus seur, étoit de feindre un second voiage à S. Germain, parce que me retrouvant dans ma premiere liberté, je ne manquerois point de rappeler auprès de moi cet heureux amant, & que lorsque nous serions ensemble il auroit le plaisir d'immoler deux victimes à sa juste fureur. Aprés s'être applaudi en secret d'avoir si vîte trouvé ce qu'il auroit peut-être cherché long-tems dans une autre

sai-

saison, il me laissa un billet le plus tendre qu'il m'eut jamais écrit, par lequel il me marquoit qu'il venoit de recevoir un ordre pour se rendre à St. Germain; qu'il ne pourroit être de retour que dans quatre jours, & que si je lui rendois un peu de justice je serois persuadée que ce tems lui sembleroit un des plus ennuyeux de sa vie.

Cette belle dépêche étant faite, il en chargea sa confidente; il l'instruisit de tout; elle lui promit de bien joüer son personnage; il feignit ensuite de monter en carosse, & aussi-tôt il fût s'enfermer dans un appartement qui n'étoit point occupé alors, & où qui que ce soit ne l'avoit veu entrer que cette bonne personne qui venoit de me rendre de si charitables offices.

Le Chevalier de Châtillon jaloux & desesperé d'avoir un nouveau rival dans mon cœur, pressa Leance de l'introduire chez moi pour être lui-même témoin de mon infidelité. Elle y consentit & sçachant que mon mary étoit retourné à St. Germain, elle resolut d'amener ce même soir le Chevalier dans sa chambre, parce que de là il pourroit voir tout ce qui se passoit dans la mienne.

Les choses étant ainsi disposées, j'arrivai chez moi. On me dit que mon mary n'y avoit resté que tres peu ; On me rendit son billet, & je ne sçaurois dire, par quel pressentiment secret, en le lisant, je frémis depuis la tête jusques aux pieds, & je tombai dans une mélancolie dont je ne connoissois pas moi-même la cause. Je me couchai sur un lit de repos, au chevet duquel la Chambre de Leance répondoit. Le Chevalier de Châtillon y étoit déja, animé de tous les sentimens de tendresse, de jalousie & de vangeance dont un homme fort amoureux

&

& qui seroit meprisé & trahy, peut-être capable,

Mon mary descendit de son côté de l'appartement où il s'étoit caché. Il vint par un degré dérobé qui donnoit dans mon cabinet, & la porte de ce cabinet étant vitrée, il pouvoit aisément me voir sans être veû.

Voila les dispositions où toutes choses étoient lorsque le Comte de Tonnerre, qui venoit chercher Madame de Pomenar, dont il ignoroit le départ, entra vétû en fille selon la malheureuse coûtume. Il est tems lui dis-je de quitter cet habit, quoi qu'il vous ait assez bien servi jusques ici ; mais enfin Comte il doit ce me semble vous fatiguer, non Madame me dit-il, en se mettant à genoux au bord du canapé où j'étois, non il ne me fatiguera jamais, puis qu'il ma procuré le plaisir de vous voir, en achevant ces mots qui confirmerent à Monsieur de Querdaniel

niel ce qu'on lui avoit dit de mon amant travesty en femme, il santit sa rage à son dernier periode, & donnant un coup de pied à la porte du cabinet il la jetta par terre, il ne put faire cela sans beaucoup de bruit. Le Comte qui portoit des pistolets de poche, depuis son demêlé avec le Prince de Furstemberg les avoit déja à la main, quand mon mary vint à lui, il resta surpris de trouver un homme si bien en état de le recevoir, & si peu étonné d'une avanture où beaucoup d'autres auroient perdu la tramontane. Il se repentit alors de n'avoir pas mieux fait sa partie, ou du moins de n'être pas armé d'armes à l'épreuve; mais il étoit trop avancé pour reculer, ils s'entretirerent & se blesserent même un peu.

Le Chevalier de Châtillon étoit de son côté dans une surprise extrême de voir Monsieur de Querdaniel dans une affaire, qu'il espe-

esperoit bien démêler tout seul, & il étoit étrangement irresolu du parti qu'il devoit prendre; tantôt il vouloit être le second de mon mary, pour tirer raison de son rival, un moment après il me vouloit servir contre mon mary, & il auroit bien voulu encore être contre nous trois pour se vanger, mais enfin son amour l'emporta, il sortit de la chambre de Leance & ce ne fût que pour me garentir des fureurs de Monsieur de Querdaniek Pour moi j'étois comme immobile & je restay ainsi quelques moments, jusqu'à ce que le Chevalier venant le pistolet à la main, sa presence me tira de la l'étargie où j'étois. Monsieur de Querdaniel fut étrangement surpris de le voir; il est moins brave qu'emporté, & croyant que le Comte de Tonnerre & le Chevalier de Châtillon étoient d'un même parti contre luy, il craignit de n'ê-
tre

tre pas le plus fort, & dans ce petit intervalle qu'ils se miroient touts trois à bouts portants, sortez me dit le Chevalier, sortez Madame; je me levai & fuyant dans la salle, je trouvai tous mes gens qui étoient accourus au bruit des coups de pistolets, qui s'étoient déja tirés; je trouvai aussi Messieurs de Quauquin & de Saucour qui entroient; ha! leur dis-je, d'une voix où ma frayeur paroissoit assez, courrez dans ma chambre, on s'y égorge. Ils entrerent & resterent dans la derniere surprise de ce qui se passoit. Ils se mirent entre les combatants, ils les separerent, & pendant qu'ils étoient avec eux je descendis, ne sçachant, ni où j'allois ni ce que je cherchois. Dans ce même moment le Comte de Fiesque venoit chez moy; il eût beaucoup d'inquietude de l'état où il me voyoit. Allons chez Madame de Rambure, luy dis-

dis je, je ne puis tarder un moment icy. Il me donna la main je montai dans son carosse, & ce fût inutilement qu'il me questionna pendant le chemin, car j'étois comme morte de crainte & d'effroy.

Ha! Madame, dis-je à la Marquise en entrant dans sa chambre, & fondant en larmes, vous étes la cause innocente du plus grand malheur qui me pouvoit arriver ; le déguisement du Comte de Tonnerre va me coûter mon repos, & peut-être la gloire. Je luy racontai alors & au Comte de Fiesque ce qui venoit d'arriver. Ils en parurent l'un & l'autre tres-touchés, mais avec des sentiments differents, car la Marquise avoit de la douleur d'avoir contribué à cette avanture par son imprudence, & de plus parce qu'elle étoit mon intime amie, & le Comte étoit enragé que Tonnerre eût été receu

chez

chez moi sous l'habit d'une femme. Il luy sembloit que je ne disois pas là-dessus tous ce que je pouvois dire, il se souvenoit que Tonnerre aux Thuilleries luy avoit paru touché de passion à la seule veüe de mon portrait. Que le Duc de Lesdiguiere luy avoit raconté son empressement pour me parler, quand il me rencontra à la comedie, & enfin il concluoit qu'il trouvoit en luy un rival dangereux. Pendant qu'il faisoit toutes ces reflexions la Marquise me consoloit par des assurances positives, qu'elle persuaderoit mon innocence à Monsieur de Querdaniel. Elle comprenoit qu'il ne falloit pour cela que luy dire de bonne foy, ce qui regardoit Madame de Pomenar, & pour n'y point perdre de tems, elle fut prendre le Major des Gardes & ils allerent ensemble chez mon mary. Le Chevalier de Châtillon & le Comte de Tonnerre n'y étoient plus. Monsieur de Querdaniel

daniel s'étoit mis au lict pour faire penser sa blessure, & il ne voulut en aucune maniere entendre ma justification. Il s'opiniâtra à soutenir que j'avois fait venir Tonnerre deguisé en femme & que le Chevalier en étoit le confident, quoy qu'il fût aussi amoureux de moy ; conclusion, il faisoit des raisonnements si éloignés du bon sens, qu'on en auroit rié de tout son cœur, si la part que j'y avois n'eut point inspiré de la pitié.

Pendant que la Marquise de Rambure s'occupoit à faire connoître à mon mary l'erreur dans laquelle il étoit, le Comte de Fiesque, qui avoit resté prés de moy, cherchoit à découvrir mes sentiments pour Tonnerre, mais ne pouvant souffrir d'entendre davantage prononcer son nom, ne me parlez pas de luy, m'écrié-je douloureusement, il est peut-être cause que le Chevalier
de

de Chastillon n'est plus. Ce premier mouvement, dont je ne restai point maitresse, en inspira de bien tristes au Comte, ha! Madame, me dit-il, que vous avés de bonté pour mon rival, & d'indifference pour moy. Il alloit continuer ses plaintes, mais il en fût empêché par l'arrivée du Chevalier de Chastillon, il entra d'un air si furieux qu'il en étoit terrible & méconnoissable ; ne croyés pas me dit-il, Madame que j'aye en prenant vôtre parti d'autres mouvements, que ceux d'une veritable generosité, car si je vous avois rendu justice, je me serois mis du côté de vôtre mary ; vous meritiés les emportements qu'il a contre vous, & le mépris de tous les hommes ensemble, infidelle que vous êtes, vous n'avez pas été contente de me faire une fois la piece du monde la plus sanglante, vous me preferés un petit garçon comme
Ton-

Tonnerre, & vous pouſſés la follie & l'entêtement pour luy juſqu'à le recevoir ſous l'habit d'une fille; je ne veux jamais de commerce avec vous, & pour vous en convaincre mieux, voi-la vos lettres, vôtre portrait, & toutes les choſes qui pourroient vous rappeler à mon ſouvenir. En achevant ces mots, il jetta ſur le lit un paquet de papiers & ſortit. Le Comte de Fieſque avoit voulu l'interrompre vint fois, & je lui avois veu porter la main ſur la garde de ſon épée d'u-ne maniere à me perſuader qu'il n'écoutoit pas le Chevalier ſans de grands mouvements d'impa-tience. Il ſe hâta de le ſuivre dans le deſſein de me vanger de tous les outrages qu'il venoit de me faire; mais employant toute ma force & même mes larmes pour l'arrêter, où courrez vous lui dis-je? avés vous envie de contribuer à ma perte; au nom
de

de tout ce que vous aimés ne faites pas un second éclat ; quoi Madame, me dit-il, vous voulez être insultée à més yeux ; je vous aime, & il faut le souffrir, oui continuai-je il faut le souffrir, si je vous suis chere je vous en conjure ; revenez & profitez de la haine éternelle que je devoüe à ce traitre, recevés mon portrait luy dis-je quoi qu'il soit un bien méprisé, il n'en est pas moins digne de vous, s'il est vrai que vôtre cœur soit touché. Oui Madame il l'est tres-sincerement, me dit-il; & je reçois la faveur que vous me faites aujourd'hui avec toute la reconnoissance & la sensibilité qu'elle merite.

Le Chevalier de Châtillon étoit dessendu dans le premier mouvement de sa colere; il luy en vint un autre de jalousie tres violant contre Monsieur de Fiesque, quoi qu'il n'eur jamais sçeu que c'étoit lui avec qui il s'étoit

G bat-

battu à Querdaniel, cependant il remonta, & s'approchant doucement de la porte il entendit ce que je luy disois, & vit que j'attachois mon portrait à son bras. Il étoit sur le point d'entrer pour faire sans doute quelque nouvelle extravagance, mais il en fût empêché par l'arrivée de Madame de Rambure, & du Major, & jugeant bien qu'il ne pourroit venir about de son dessein il se retira brusquement.

La Marquise m'informa aussitôt du méchant succez de sa negociation. Elle me dit, avec beaucoup de tendresse, qu'elle étoit desolée d'avoir si mal réüssi; que Monsieur de Querdaniel ne vouloit point du tout que je fusse innocente, qu'il avoit refusé de voir Madame de Pomesar, & qu'on ne pouvoit douter, à l'injustice qu'il me rendoit, qu'il n'eut le cœur ulceré d'ailleurs; que le Comte de Tonnerre l'avoit bles-

blessé & qu'ainsi il avoit fallu le quitter plûtôt qu'on n'auroit voulu pour le laisser en repos.

Pendant qu'elle me parloit, je fondois en larmes, & rien ne pouvoit égaler mon déplaisir, non pas sur l'obstination de mon mary, car les mauvais traitemens que j'en avois reçus étoient bien propres à me consoler de sa haine, mais sur les soupçons que tout le monde pourroit former de ma conduite. Enfin à des maux si pressans je pensai qu'il n'y avoit que le courage qui pût être d'un secours assuré, & je tachai d'en prendre assez pour ne point succomber sous le pois de mes malheurs.

Le lendemain, & les jours suivants, mes amis & mes parents me vinrent voir; on tenta encore inutilement de persuader la verité de cette affaire à Monsieur de Querdaniel. Il protesta que les Anges même n'y réüs-

réüssiroient pas, & chacun me represanta que si je retournois chez luy dans les dispositions violentes qu'il avoit pour moi, il seroit peut-être capable de chercher une vengeance secrette, comme bien des gens ont fait depuis les malheureux poisons qu'on met si aisément en usage.

Le Chevalier de Châtillon en me quittant courût chez la Marquise de Verville, & luy aprit ce qui se passoit. Elle sçavoit que je l'aimois encore sincerement; elle étoit instruite du séjour que Madame de Pomenar avoit fait dans ma maison, & comme quoi Tonnerre n'étoit venu chez moi, qu'a cause de son amour pour elle, ainsi elle luy apprit la verité de toute chose, & ensuitte elle luy dit, vous cherchez à vous tourmenter, & je prevois qu'enfin vous lasserez la Comtesse ; je puis vous rester caution qu'elle
n'a

n'a jamais eu pour Tonnerre des sentiments particuliers, croyez m'en vous luy étes encore cher.

Le Chevalier qui ne l'écoutoit qu'avec beaucoup d'impatience, l'interrompit en cet endroit; ne voulés vous point me persuader aussi, luy dit-il, qu'elle a donné son portrait à Fiesque par un excez de tendresse pour moy. Si vous étes bien sur que cela soit, continua Madame de Verville, & que vous me promettiés de m'entendre sans vous fâcher je vous soutiendray, encore que c'en est une preuve incontestable, car le chagrin où vous l'avez mise, la engagée de chercher cette vengeance contre vous, & pouvoit-elle moins faire dans le moment où vous l'accabliez de reproches & de mépris? Ils eurent encore une longue conversation sur ce chapitre, & enfin le Chevalier qui étoit au desespoir de ce qu'il

G 3 avoit

avoit fait, & qui ne demandoit pas mieux que de me trouver innocente à son égard, croyant en être suffisamment informé pria la Marquise de me rendre un billet de sa part: Elle le voulut bien, le lendemain elle vint me voir & me trouva si melancolique & si changée qu'elle ne me pouvoit reconnoître qu'avec peine.

Il est vrai aussi que l'on ne sçauroit avoir une douleur plus sensible qu'étoit la mienne, & que je ne faisois point reflexion sur tous les contre-temps de ma vie, aux emportemens de mon mary, aux continuels soupçons du Chevalier de Châtillon, & à l'état present de ma fortune, sans être sur le point de mourir de douleur. Madame de Verville me consola le mieux qu'elle put; elle voulut m'obliger de recevoir la lettre du Chevalier, mais je la refusai avec beaucoup

coup plus de fermeté que je n'en devois esperer des continuelles foiblesses que je m'étois toûjours trouvés pour luy; je luy dis qu'il me seroit trop honteux de pardonner à un homme qui m'avoit traittée si indignement, & que j'avois aimé avec une tendresse si veritable; & que je rougissois quand je faisois reflexion sur la patience que j'avois eüe de m'entendre charger de reproches, & sur tout ayant pour témoins le Comte de Fiesque: qu'il étoit dangereux qu'une trop grande douceur ne degenerât en bassesse & n'attirât enfin le mépris: que je sçavois son commerce avec la Duchesse de Cleveland: qu'on ne parloit dans le monde que des continuels presents qu'elle luy faisoit, & qu'ainsi je luy conseillois de profiter de la fortune que cette nouvelle maitresse luy offroit. Le Marquis ne s'attendoit point à une reponse si brusque

O 4　　　　que

que; elle en demeura surprise & aprés avoir emploié toutes les raisons qu'elle pût imaginer pour me persuader de tenir une autre conduitte avec le Chevalier, voiant qu'elle travailloit inutilement, elle se retira.

Il me sembloit que j'avois remporté une grande victoire sur moi-même, & je m'en applaudisois déja en secret, mais plus j'y faisois reflexion & plus je trouvois que le Chevalier avoit encore tous ses droits sur mon cœur. J'avoüe aussi que j'étois sur le point d'écrire à la Marquise, pour ravoir le lettre du Chevalier, lors que le Comte de Fiesque entra, je jettai sur le champ la plume que je tenois, & lui tendant la main venés Comte, lui dis-je, venés deffendre vos droits dans mon cœur, si vous étiez arrivé plus tard, j'allois signer la grace de vôtre rival. Ha! Madame dit-il, en prenant ma main & la voulant baiser, serois-je rois-je affés malheureux pour vous voir encore des mouvements de bonté en faveur d'un homme qui vous a si souvent offencée, & qui vous préfere la Duchesse de Cleveland. Je suis resoluë lui dis-je d'étouffer tous les sentiments qui veulent me parler pour lui, & je vous serai tres-obligée de m'y aider. C'étoit une commission bien agreable pour un homme amoureux. Il la reçeut aussi de tout son cœur, & passa le reste du jour avec moi.

Cependant la Marquise de Verville rendit compte au Chevalier de Châtillon des dispositions qu'elle m'avoit trouvée, il en parût aussi affligé que s'il n'avoit point donné lieu à mon changement, & il resolut pour se vanger de moi de s'attacher sans reserve à la Duchesse de Cleveland qui de son côté n'oublioit aucunes avances, pour l'acquerir & le conserver.

A mon égard, je me sentois dans une douleur si violante lors que je faisois reflexion sur les histoires qui s'alloient débiter par le monde, que je résolus d'entrer en Religion; Il me sembloit que cette retraite convenoit extrêmement à la scituation de mon esprit & mon âge, & à l'envie que j'avois de faire connoître par la suite de ma conduitte l'injustice que me rendoit mon mary.

Je priai Madame de Rambure de ménager cette affaire, & la chose étoit arrêtée entre nous, sans que j'en eusse encore consulté mes parents, & mes amis; mais quand je voulus avoir là dessus leur approbation, ils me la refuserent d'une grande hauteur, disant que cette démarche justifioit celle de mon mary, qu'on ne prend de party que lors qu'on a lieu de se reprocher des faux pas, & qu'il valoit beaucoup mieux m'éloigner pour quelque tems : que j'a-
vois

vois des parents en Languedoc,
qu'il falloit prendre le pretexte de
les aller voir, & que pendant mon
absence il étoit à presumer que
tout prendroit une face plus
agreable pour moi.

Il me sembloit, comme à eux
qu'ils avoient raison; je craignois
la Clôture d'un couvent, mais
je craignois encore d'avantage de
perdre par mon éloignement le
cœur du Comte de Fiesque; la
possession m'en paroissoit douce
& agreable, il n'oublioit rien aussi
pour se faire aimer, & quand je
le consultois sur ce voyage que
tant de gens me conseilloient, il
étoit sur le point de perdre l'esprit,
& sans doute ses raisons auroient
prévalu sur celles de toute la tête
de medames, si je n'avois pas appris que Monsieur de Querdaniel
desiroit avec la derniere passion
que je me misse dans un couvent,
& qu'il craignoit beaucoup que
je prisse un autre parti; il m'a ré-

G 6 fal-

fallut pas d'avantage pour me resoudre à ce voyage, & il en auroit fallu même bien moins dans le ressentiment que j'avois contre lui. Je resolus donc mon départ, je fus prendre congé de la Reine & bientôt tout le monde sçeût que je quitois la Cour.

Le Chevalier de Châtillon l'ayant appris m'écrivit qu'il me conjuroit de lui accorder une heure pour m'entretenir, & me dire adieu, que si je l'en refusois, il n'y avoit point d'extrêmités où son desespoir ne le portât. Je consultai le Comte de Fiesque sur ce que je devois faire, il m'en détourna longtems, mais je lui fis comprendre qu'il falloit, autant qu'on pouvoit, se garantir de donner à un homme les derniers sujets de plaintes, ainsi je resolus de lui parler, & je lui écrivis de se trouver le lendemain sur le soir dans le Jardin du Palais Roial, que j'irois prendre congé de Madame me & qu'ensuitte je lui parlerois.

Je montrai mon billet au Comte; n'étes-vous pas bien injuste, me dit-il, d'un air extrémement tendre & touchant, vous étes sur le point de partir, je n'ay plus que quelque jours à vous voir, & vous les partagés avec mon rival. C'est un partage, lui dis-je obligeament; qui ne vous fera point de tort auprés de moy, & puis que vous avés mon portrait, vous pourrés vous consoller avec lui des moments que le Chevalier va m'occuper.

J'étois sur le point d'aller au Palais Roial, mais je fis reflexion qu'il seroit mieux pour le secret de nôtre rendés-vous de faire aller le Chevalier au jardin des simples, de maniere que je lui écrivis un second billet pour l'en avertir. Une reste de tendresse que j'avois encore pour lui m'engagea de m'y rendre de bonne heure, & pour

que

que personne ne pût nous voir, je passai dans le labirinthe, les palissades en sont fort épaisses, il se termine en plusieurs endroits à des cabinets couverts où l'on peut se reposer.

Il y avoit déja quelque tems que je m'y promenois lors que j'entendis parler, je m'arrêtai aussi-tôt, & le premier son qui frappa mes oreilles ce fût la voix du Comte de Fiesque. Il est aisé de croire que j'eus de la curiosité pour en sçavoir d'avantage, je m'aprochai doucement du cabinet, où il étoit, & bon Dieu est il possible que mes yeux ne me trompoient point dans ce cruel moment! Je vis Madame cet infidelle à genoux devant une petite femme qui venoit d'arriver de la Province, & qui faisoit quelque bruit dans le monde, il tenoit ses mains dans les siennes, & continuant le discours qu'il avoit commencé, non ma chere disoit-

disoit-il je ne merite point les
reproches que vous me faites,
le portrait que vous m'avés trouvé est de la Marquise de Querdaniel, je l'avoüe, mais ne vous
en ay-je pas raconté l'histoire
d'assez bonne foy ; voulés vous
que je refuse une chose comme
celle-là ; oüi je l'aurois voulu, in-
terrompit-elle, je n'approuve
point cette fausse complaisance, &
quelque raison que vous m'alle-
guiez pour vous excuser, je les
trouverai toutes mauvaises, si vous
ne me faites pas le sacrifice de ce
portrait; mais de grace, dit-il, con-
tentés d'attendre qu'elle soit partie, aprés cela vous en disposerés
comme il vous plaira. n'en
dittes pas d'avantage interrompit-
elle, vous la craignés, je ne veux
point d'un cœur partagé, à ces
mots elle fit un effort pour se lever, mais le Comte l'arrêtant lui
dit d'un air passionné, ha! ma chere je ne crains que vous, & puis
que

que vous le voulez je ne sçay point m'opiniâtrer contre ce qu'il vous plait. Aussi-tôt dénoüant le ruban qui attachoit mon portrait à son bras, il le lui presenta & la friponne l'alloit prendre, lorsque ne me sentant plus maîtresse de mon juste ressentiment, j'entrai dans le cabinet, arrête perfide, lui di-je, arrête, ta victime n'est pas si soumise que tu te l'imagine, & pour vous Madame la campagnarde, continuai-je, m'adressant à elle, vous avés un merite trop mince pour une si glorieuse avanture; j'arrachai mon portrait de l'indigne main qui la tenoit, & jettant un regard furieux sur ces deux amants, je sortis plus vîte qu'un éclair.

Il me falloit Madame ce dernier coup pour me combler de douleur, je ne voulus point attendre le Chevalier de Châtillon, ne doutant pas qu'il ne me fit aussi quelque nouvelle perfidie, je re-

retournai chez moi desesperée & resolüe de huïr tout le genre humain ensemble, je commendai en arrivant qu'on preparât tout pour partir le lendemain, & ma chagrine rage m'obligea de prendre sans remise la resolution d'un voyage auquel j'avois été jusqu'à lors assés indeterminée.

Fin de la Premiere Partie.

MEMOIRES DES AVANTURES SINGULIERES DE LA COUR DE FRANCE.

Dedié à Madame la Duchesse de la Ferté.

Par l'Auteur du Voyage, & Memoires d'Espagne.

SECONDE PARTIE.

A LA HAYE,
Chez JEAN ALBERTS,
Marchand Libraire prés la Cour.

M. DC. XCII.

MEMOIRES
DES
Avantures Singulieres
DE LA COUR
DE
FRANCE

Uelque raison que j'aye, pour vous suplier de me dispenser d'écrire les avantures que je vous ay déja racontées, le desir que vous en avez Madame, & la complaisance que j'ay pour tout ce qui vous plaît, m'engagent

gagent à vous obeïr, quoi que je comprenne aisément, que c'est une chose délicate, & même dangereuse.

Vous sçavez Madame que le Comte de Buſſy ne commença d'écrire les intrigues de la Cour que pour divertir la Marquiſe de la Baume qui étoit pour lors ſa maîtreſſe. Les loüanges qu'il en reçeût, reveillerent ſon amour propre, & l'engagerent encore plus volontiers de montrer ſon ouvrage à d'autres, & de le rendre enfin public. C'a été le ſujet de ſa diſgrace, auprés du plus grand Roi du Monde, & la perte de ſa fortune.

Pour moy Madame, qui fais conſiſter la mienne, à l'honneur de vous plaire, je vais vous obeïr ſans balancer ; mais ne vous attendez point, que j'ajoûte rien à la verité, ni pour embellir, ni pour diminuer les incidents ; je crains même d'être trop ſincére
dans

dans la suitte de mon discours, &
qu'il ne s'y trouve quelques endroits, qui ne vous paroissent pas
d'une conduitte assez régulière :
Mais Madame pardonnez le moi,
car en prenant la plume, j'ay résolu.

De nommer tout par son nom,
Un chat un chat, & rolet un fripon.

Ma naissance est non-seulement noble : mais j'ose dire encor qu'elle est du nombre des plus
illustres. Ma mere mourût peu de
tems, aprés que je fûs née. Je ne
sçay si l'on a voulu me flatter
mais j'ay toûjours entendû dire,
que je suis bien faitte; ma teille est
haute, & j'ay bon air, mes cheveux
sont blonds & frisez, mes yeux
grands & doux, ma bouche petite & agreable, ma fisionomie
heureuse, & assez spirituelle; j'ay
une grande disposition à la joye;
je suis douce & complaisante,
bien des personnes qui ont plus
d'esprit que moy, disent que je
n'en

n'en manque pas, je ne sçay ce qui en est, mais du moins je sçay bien, que je ne voudrois point changer le caractere de mon cœur, pour un autre.

Quelque tems aprés la mort de ma Mere, mon Pere succomba volontiers à la douce tentation de se remarier; Il épousa Ortance, elle étoit fille de qualité de la Maison d'Angesne, belle, jeune, coquette, & fort méchante; elle n'aimoit point mon pere, qui étoit vieux, & chagrin, desorte que le Chevalier de Sessac, qui avoit mille bonnes qualitez, profitoit de l'aversion qu'Ortance avoit pour son mary, & je sçavois bien (car même je l'avois veû) qu'elle avoit pour lui des bontez fort particulieres.

Cette intrigue me regardoit si peu, & j'en avois une si agreable avec le Chevalier Dantrague (qui étoit un des Gentilshommes de France le mieux fait, & proche

parent

parant de ma belle mere) que sans m'occuper des affaires des autres, je ne pensois qu'à la mienne: Le cœur du Chevalier Dantrague fût le premier qui me rendit hommage, & le mien n'eût point d'indiférence pour ses vœux : mais quoi que nos sentiments fussent déja assez tendres l'un pour l'autre, il fallût nous resoudre à supporter les peines de l'absence. L'âge & la naissance du Chevalier Dantrague, l'appeloient à l'armée. Il me quita avec une douleur que je partagai bien sincérement. Je lui promis que son éloignement, ne lui feroit aucun tort dans mon esprit, & j'avois bien l'intention de lui tenir ma parolle.

Etant allé aux Thuileries, pour me divertir un peu, des peines que je soufrois pour l'absence de mon amant, j'y trouvai mon frere, avec le Marquis de la Ferté, il me le présenta, & je restai comme enchantée de sa bonne
H mine,

mine, de son air charmant & des graces naturelles qui accompagnoient toutes ses actions, une douce simpathie se glissa aussitôt dans nos cœurs, ses yeux me parlerent, je ne pûs empêcher les miens de leur répondre, il me vint voir, il me dit qu'il m'aimoit, je l'écoutai avec plaisir, & enfin je l'aimai à mon tour.

Un jour entr'autres, que le Marquis étoit à mes genoux, remply de satisfaction, & me protestant une ardeur éternelle mon malheur voulut, qu'une veille Demoiselle qui avoit été ma gouvernante & qui m'épioit sans cesse, nous trouva de cette maniere. Il n'en fallût pas davantage pour irriter sa severe vertu; elle lui dit avec beaucoup de colere de se retirer, & elle m'assura encore que si je ne cessois de le voir, elle prendroit la dessus des mesures avec mon pere. Je la conjurai de me garder le secret,

je

je priai le Marquis de ne plus revenir chez moi, il me dit avec de grands témoignages de douleur & de tendresse qu'il m'obeïroit, & il y avoit en effet longtems que je n'avois eû de ses nouvelles & que j'en étois dans une inquiétude inconcevable lorsqu'un matin, mon frere vint me trouver; s'étant approché il me dit, ma chere sœur, je sçay de vos nouvelles, beaucoup plus que vous ne pensez ; vous étes aimée & vous aimez : si vous le voulez bien, je tacherai de vous rendre tous les bons offices que je pouray. Je restai confuse & irrésolue, si j'avoüerois mon attachement, & comme je rêvois & tenois les yeux baissez, ma sœur, me dit-il, en m'embrassant, soiez moins embarassée, avec un frere à qui vous étes si chere, & qui veut vous confier son secret, pour vous engager à lui dire le vôtre ; sçachez donc que Mademoiselle de la Fer-

H 2 té

té est l'objet de tous mes vœux; cette aimable fille, voiant son frere au desespoir de n'avoir plus de vos nouvelles, m'a conjuré de le servir auprés de vous; Il est difficile de refuser sa maîtresse, & son amy; je me suis chargé avec plaisir de vous rendre un billet de sa part; il me le donna aussi-tôt, je l'ouvris, & j'y lû ces mots.

J'étois sur le point de mourir, lorsque le Marquis de Merignac, est venû au secours de ma vie; il m'a promis que je vous verray ce soir. J'ignore ce que je ferai quand je serai prés de vous, mais si j'en juge par les transports de joye, que cette esperance me donne, je sens bien que je mourrai de plaisir.

Aidez moi, continua mon frere, à tenir ma parolle ; ô Dieu lui dis-je, si vous attendez que je vous donne pour cela des lumie-

mieres je le verrai jamais, quelque desir que j'en aye, ma gouvernante me laisse à present si peu de liberté, qu'elle est l'ombre de mes pas; hé bien, dit-il, aprés avoir un peu rêvé, je vais feindre que je suis tombé de cheval, que je me suis blessé, & vous viendrez dans ma chambre ; Il me quitta aussi tôt, & tout ce qu'il avoit projetté réussit. Je vis avec une joye bien sensible le Marquis de la Ferté dans l'appartement de mon frere, & en ce lieu, Madame, il lui donna sa parolle & à moi de m'épouser. Mon frere s'engagea aussi de n'être jamais à d'autre qu'a sa sœur. Nôtre commune satisfaction parût extrême, & nous nous séparames, infiniment contans d'avoir reglé entre nous, des mariages que la destinée ordonnoit tout d'une autre maniere.

Le lendemain Mademoiselle de la Ferté vint me voir. Mon frere re étoit dans ma chambre, avec son bras encore en écharpe. Je connus bien à leur regards, qu'il y avoit déja une étroitte intelligence entr'eux. Cette charmante fille ressembloit beaucoup à son frere, mais ses traits étoient plus réguliers, & plus délicats. J'avoüe aussi que je restai surprise de sa beauté. Il se fit une tendre amitié entre nous : nous ne pouvions plus nous passer l'une de l'autre, & malgré les soins importuns de ma gouvernante, je voiois le Marquis tres souvent.

Combien de plaisirs & de douceurs goutions nous dans ce bien heureux temps ! il sembloit que tous nos desirs se trouvoient remplis, & que rien ne pouvoit troubler nos tendres amours; mais la fortune me regardoit d'un trop méchant œil, pour me laisser en repos.

L'oncle maternel du Chevalier de Sessac étoit intime ami de mon pere,

pere; il mourut & ordonna par son testament, qu'il seroit son heritier, pourveû, qu'il m'épousât & qu'il prît les armes & le nom de Chamarante, qui étoit le sien ; Qu'a cette condition il nous donnoit tout son bien, & que celui de nous qui refuseroit ce party, n'auroit aucune part à sa succession.

Mon pere ne resta pas mediocrement étonné, d'apprendre les dernieres volontez de son amy. Cependant comme elle m'étoient avantageuses parce que son bien étoit fort considérable, & que le Comte de Chamarante (c'est ainsi que je nommerai le Chevalier de Sessac dans la suitte de mon discours) avoit du mérite & de la naissance ; Mon Pere dit-je se resolut de suivre les intentions du deffunct, ne doutant pas que le Comte de Chamarante, n'y donnât les mains de tout son cœur.

Mon frere sçeut le premier la vo-

volonté de mon pere, il en resta vivement touché, trouvant quelque chose de honteux pour lui, à manquer de parolle au Marquis de la Ferté; il comprit bien aussi qu'il ne voudroit plus lui donner sa sœur, si l'on me marioit à un autre, & enfin il ne pouvoit immaginer quel remede, il apporteroit à des peines si pressantes.

Il consideroit encore, que le Marquis étoit dans une si grande jeunesse, que peut-être avant qu'il fût absolument maître de luy, sa mere (qui ne consentiroit jamais à nôtre mariage, parce que je n'étois pas assez riche) le feroit changer de sentiment; qu'il n'auroit pour en tirer raison, que les voies de fait, & que c'étoit proprement tomber d'une extremité dans une autre encore pire. Il pensoit aussi, qu'en me détournant, ou m'authorisant à ne pas épouser le Comte de Chamarante, il me mettoit dans le

ris-

risque de déplaire à mon pere, & de perdre ma fortune ; que je n'avois que peu ou point de bien à prétendre de nôtre Maison, & qu'enfin, il valloit mieux qu'il me sacrifiât la passion qu'il avoit pour Mademoiselle de la Ferté, que de me sacrifier à cette même passion.

Il étoit agitté de toutes ces diferentes réflexions, lorsqu'il vint dans ma chambre. Je m'étois trouvée un peu mal, & ne m'étois pas encore levée. Il s'assit sur mon lit, & aprés m'avoir tendrement embrassée il me regarda longtems, sans me rien dire. Mon Dieu mon cher frere, lui dis-je, parlez moi promptement, vous me donnez une extréme inquiétude, & pour quoi, me dit-il, avant de m'avoir entendû, vous alarmez vous, & que pourriez vous faire, si en effet je venois pour vous apprendre quelque méchante nouvelle ? je ne ferois lui dis-
je

je que ce que je fais ; mes pressentiments ne me trompent gueres, parlez mon frere parléz je suis préparée à tout. La chose, continuat-il, est moins fâcheuse que vous ne l'imaginez, vous sçavez la mort du bon homme Chamarante, il a donné son bien au Chevalier de Sessac, il lui a donné son nom, & il vous donne aussi à lui. O Dieu ! m'écriai-je douloureusement, est-il possible que vous puissiez dire que la chose est moins fâcheuse que je ne l'imaginois. Qu'elle nouvelle au monde n'aimerois-je pas mieux recevoir ? Cependant, reprit mon frere, j'ay crû necessaire de vous en avertir, car toute la famille y donne les mains, & mon pere dés aujourd'hui vous en parlera ; & quoi, dis-je en l'interrompant, y consentirez-vous ? ne vous souvenez vous plus que vous m'avez promise au Marquis de la Ferté. & le pourrai-je oublier moi-même ?

me ? non mon frere je n'en suis point capable, & la plus grande succession ni les menaces de mon pere, ne pourront me résoudre à manquer de fidelité à mon amant. Mes larmes & ma douleur m'empêcherent de continüer, & mon frere qui n'imaginoit point de remede à mes ennuis, étoit en verité dans un état digne de pitié. Ma chere sœur, me dit-il, écoutez un peu la raison, aprés avoir écouté vôtre amour ; je conviens que le Marquis vous aime, & m'a donné parolle de vous épouser ; mais il est dans un âge à ne pouvoir encore rien executer, sans le consentement de ses proches; vous n'ignorez pas qu'ils s'opposeront à vôtre mariage, & vous sçavez bien encore que mon pere ne vous donnera jamais à lui que ce ne soit agréablement; si nous voulons attendre le tems, qu'il pourra disposer de lui, qui peut s'assurer, qu'il soit alors pour vous,

vous, ce qu'il est aujourdhui; & s'il est changé, considerez ma chere sœur la fortune que vous aurez perdüe, en refusant le Comte de Chamarante; & quel remede donc! m'ecrié-je, trouvez vous à mes malheurs? c'est vous qui m'avez donné lieu de me flatter de ce mariage, & c'est vous à present qui voulez détruire & éteindre mes esperances; crüel frere, que vous ai-je fait pour que vous m'abandonniez? moi ma sœur je vous abandonne? ajoûtez dit-il avec un air de dépit) que c'est moi qui vous ay entêtée de Monsieur de la Ferté & que sans mes soins vous ne l'auriez jamais aimé, allez continuat-il, vous étes une injuste; mais l'état où je vous vois, me donne trop de pitié, pour m'arrêter à vous faire des reproches; songez à ce que vous voulez résoudre, & comptez absolument sur moi.

Helas! mon cher frere! lui dis-

dis-je, que résoudre en effet, si ce n'est que vous vouliez bien aller trouver le Marquis pour l'instruire de ce qui se passe. Je vais lui écrire, & en toutes choses, je suivray vôtre sentiment & le sien, aussitôt je me fis donner mon écritoire, & je lui écrivis en ces termes.

Si mon frere vous peut faire comprendre l'état où je suis, vous resterez persuadé, que vous m'étes plus cher que tout le monde ensemble. Ma douleur est inexprimable, on veut que je sois à un autre qu'à vous, je choisirois plutôt la mort, plaignez moy & m'aimez; cela sufira pour me donner le courage dont j'ay besoin.

Je chargai mon frere de ce billet, il me promit de ne rien obmettre pour ma consolation. Nous nous séparâmes, & je restai abandonnée à tous mes déplaisirs. Celui

lui qui me touchoit le plus sensiblement, étoit de me souvenir de la maniere dont le Comte de Chamarante vivoit avec ma belle mere. Il ne m'aimeroit point, disois-je, il auroit mille nouvelles occasions de voir Ortance. Elle me rendroit de méchants offices prez de lui, il n'est guere d'hommes qui soient fidelles à leurs femmes; mais du moins elles n'ont que des soupçons; au lieu que j'ay veû des choses toutes certaines, & enfin je concluois que de quelque maniere que le Marquis en voulût user pour moy, je ne devois point épouser le Comte de Chamarante, à moins de me résoudre d'être fort malheureuse.

Je faisois encore ces tristes réflexions lors que mon frere revint. Il me dit que le Marquis avoit été obligé de suivre la Maréchalle de la Ferté, laquelle ayant apris qu'un de ses proches

pa-

parents étoit à l'extremité, étoit partie sur le champ avec son fils & sa fille, pour l'aller trouver. Cette derniere nouvelle acheva de désoler ma patience, & comme nous consultions sur les mesures qu'il falloit prendre, on vint dire à mon frere qu'un valet de chambre de Monsieur de la Ferté demandoit à lui parler. Il fut le trouver, & peu aprés il m'apporta une lettre qu'il luy envoyoit pour me rendre. J'y trouvai ces parolles.

Que penserez vous de moi d'être parti sans vôtre permission. Si vous êtes aussi juste que belle, vous n'en accuserez point mon cœur, & vous croirez aisément, que je me suis fait beaucoup de violence pour remplir mon devoir. Mon oncle étant à la mort il a fallu malgré moi suivre la Maréchalle qui l'est allé trouver. Je ne puis vous dire à quel point vôtre absence me sera

sera sensible, il faudroit charmante personne, vous pouvoir faire comprendre à quel point je vous aime, & mes expressions sur ce chapitre sont toûjours au dessous des sentiments de mon cœur.

Tant de marques de tendresse ne servirent qu'a augmenter la fermeté de mes résolutions. Je lui fis réponce, & lui mandai toutes les circonstances de l'état où j'étois. Je le priois de venir prontement me secourir de ses conseils, & soulager mes peines par sa présence. Mon frere lui écrivit aussi, & comme nous renvoyons ce Vallet de chambre chargé de ce paquet, on vint me dire que mon pere me demândoit.

Je fus saisie d'une si grande crainte qu'il me sembloit que cette heure alloit être la derniere de ma vie; mon frere me r'assura du mieux qu'il pût, je me levai,

&

& me rendis dans le cabinet de mon pere; il y étoit avec sa femme & l'un & l'autre resterent surpris de me voir si changée, que j'en étois méconnoissable. Ils me demanderent si j'érois malade, & sans attendre ma réponce, mon pere me dit, qu'il étoit si persuadé de mon obéïssance, qu'il ne doutoit pas que je ne reçeûsse avec plaisir, le mary que feu Mr. de Chamarante son intime ami m'avoit choisi. Que c'étoit le Comte de Chamarante son neveu, qu'il nous avoit nommez l'un & l'autre pour ses héritiers, sous les conditions de ce mariage; Que je connoissois le Comte, & sçavois bien, que l'on ne pouvoit rien souhaiter, ni à sa naissance, ni à son merite; Qu'il étoit bien fait, brave, honnête homme, en un mot qu'il approuvoit le choix de son ami, & que déja tout étoit préparé pour cette affaire, tant il étoit seur de moi,

moi, & du bonheur que je trouverois dans cette aliance. Ma belle mere l'interrompit en cet endroit, pour faire aussi son panégyrique, & elle y prit tant de plaisir, & y resta si longtems que mon pere, qui avoit des affaires, nous quita; sans que j'eûsse peu trouver le moment de lui répondre. Je voulus le suivre: mais plusieurs personnes qui venoient le voir, sur mon mariage, entrerent aussi-tôt, & m'ayant fait les mêmes compliments, je restai encore plus interditte d'entendre, qu'ils m'en parloient comme d'une chose si résolüe, qu'elle ne recevoit point de replique. Je me débarassai de cette fatigante compagnie; & comme je voulois me retirer dans ma chambre, j'y vis entrer Ortance, avec le Comte de Chamarante. Elle me le présenta d'un air fort enjoüé, & aprés qu'il m'eût témoigné en peu de mots,

sa

sa joye pour le choix que son oncle avoit fait en sa faveur; ma belle mere se retira, en nous disant qu'un tiers pourroit être incommode avec des gens, qui avoient sans doute des confidences à se faire.

Lors qu'elle fût partie, je tâchai de rappeller tout mon courage, & aprés quelque moment de silence, regardant le Comte avec assez de fermeté; Monsieur, lui dis-je, vôtre oncle à disposé de vôtre cœur & du mien, avant de nous avoir consultez. Quelque mérite que vous ayez, & quelque chose que vous puissiez vous en promettre, je vous avoüe que je me résoudrois avec une peine extrême, d'obéïr à mon pere, avant d'avoir eû assez de tems pour m'examiner là dessus. Je vous conjure donc, au nom de ce qui vous est le plus cher au monde, de diférer la conclusion d'une affaire, qu'on ne me laisse
pas

pas même le loisir d'envisager; Nos articles sont déja dressez & je ne viens que d'apprendre dans ce moment, les intentions de ma famille. Il n'y a que vous Monsieur qui puissiez en retarder l'effet, & cette obligation dont je vous serai redevable, ne contribuëra pas peu à me faire vouloir par mon inclination, une chose que je ne puis vouloir à present, que par mon obéïssance. Le Comte resta surpris d'un compliment auquel il s'attendoit si peu. Il ne laissa pas de m'assurer qu'il n'oublieroit rien, pour me témoigner sa complaisance, quoi que je lui en demandasse une preuve qui ne lui faisoit que trop connoître mon aversion ; & qui en même tems lui coûteroit beaucoup de peine; que neanmoins il vouloit bien me sacrifier son impatience, pourveu que mon pere & mes parents, ne peussent pas croire que les difficultez

cultez qu'il alloit faire naître à la conclusion de nôtre mariage vinssent de ses propres sentiments. Il me quitta ensuite, avec des marques fort apparantes d'un veritable chagrin, & mon frere entra aussitôt. Je suis perduë, m'écrié-je, mon cher frere; si vous n'avez pitié de moi. Alors je lui racontay tout ce qui s'étoit passé; comme quoi Ortance avoit tant parlé, qu'il m'avoit été impossible de dire rien à mon pere, & enfin la conversation que je venois d'avoir avec Monsieur de Chamarante. Ne vous en deffendés point continuay-je, il faut que vous alliés trouver mon pere, & que vous le conjuriez de diférer mon mariage. Cherchez-en les raisons que vous voudrez : mais si vous revenez sans l'obtenir, comptez que je mourai de douleur. Mon frere eût une peine extrême de se resoudre à ce que je voulois; mais

mes

mes larmes & mes prieres furent si puissantes qu'il ne pût s'en deffendre d'avantage ; il se rendit prés de mon pere, qui le prevenant ; parce que sa femme venoit de lui dire ce qui s'étoit passé entre le Comte & moi, mon fils, lui dit-il, vôtre sœur est une étourdie, qui se mêle de raisonner mal à propos. Elle doit croire que je ne veux rien, qui ne luy soit avantageux. Allez luy dire de ma part, ou qu'elle se prépare à faire de bonne grace ce que je souhaite, ou à ne me voir jamais. Il marqua tant de colere dans ce peu de parolles que mon frere n'osa lui repliquer, ni luy dire les choses dont je l'avois chargé. Il revint auprés de moi & me rendit compte du triste succez de sa négotiation. Cependant le Vallet de chambre du Marquis de la Ferté, que j'avois prié d'aller sur le champ porter ma lettre à son maître, se rendit auprés de lui,

lui, & il le trouva sur le point de revenir, parce que son oncle étoit mort.

Le Marquis apprit avec une sensible douleur les intentions de ma famille, & il n'obmit rien pour avancer son retour: mais ce ne put être avec tant de diligence, qu'il ne me trouvât déja mariée. Je feignis inutilement d'être malade, & aussi inutilement j'essayai d'entrer en religion, mon pere qui étoit absolu, & tres opiniâtre, ne voulût se rendre à aucunes de mes prieres, & il fallût enfin lui obeïr.

On s'étonnera peut-être, qu'ayant une si forte tendresse pour le Marquis de la Ferté, je ne me résolus pas de dire positivement que je ne voulois point du Comte de Chamarante: mais mon frere me fit envisager, toutes les raisons que j'ay déja dittes, que si le Marquis me manquoit, je deviendrois l'objet de la raillerie publiblique, que le Comte auroit seul la succession de son oncle, que j'offenserois mon pere lequel étoit homme sans retour, en un mot j'eûs la foiblesse de me rendre à la persuasion de tout le monde.

Rien ne fût oublié pour que les plaisirs & la magnificence parûssent égallement à mes nopces. Mon époux me disoit mille choses tendres & obligeantes. Mon pere & Ortance ne pouvoient se lasser de me caresser. Le reste de mes parents & de mes amis, témoignoient une extréme satisfaction. Au retour de l'Eglise il y eût un superbe festin, & ensuitte la Comedie. J'y étois réveuse & triste quand je remarquai que mon frere, aprés être sorty assez longtems, rentra & me fit signe qu'il avoit à me parler, on ne peut avoir plus d'impatience que j'en eûs pendant le reste de la comedie. Lors qu'elle fût finie le bal commença, je feignis d'avoir oublié

blié quelque chose dans ma chambre; mon frere m'y suivit; nous entrâmes ensemble dans mon cabinet, & il me dit, sçavez vous que le Marquis est arrivé; il se desespere dans ma chambre, & veut vous parler, malgré toutes les raisons que j'ay peû aléguer, pour le persuader d'attendre quelques jours; je l'ay veû prêt à faire des extravagances; il vouloit même entrer dans la salle pendant la commedie, ainsi je ne vous conseille pas de lui refuser une chose, à laquelle il paroît si attaché. Qu'elle va être ma douleur, & ma confusion! m'écrie-je, & comment soûtenir les justes reproches qu'il me fera. Ne vous arrêtez pas tant à ces reflexions, me dit-il, crainte de perdre le moment de l'entretenir; venez vîte, & sur tout sans bruit, car j'ay apperçu Ortance dans son cabinet. Je ne repliquai rien, & suivant mon frere par une gallerie,

I

rie, qu'une cloison séparoit de l'appartement de ma belle mere; nous l'entendîmes, qui parloit d'une voix basse & precipitée. Nous marchions doucement & sans flambeaux, ainsi un peu de curiosité pour sçavoir ce qu'elle disoit, & beaucoup de crainte des reproches du Marquis, m'obligerent de m'arrêter, & nous entendîmes qu'elle continuoit de cette maniere ; vous l'aimez beaucoup plus que moi, ingrat, vous ne m'avez pas regardée d'aujourd'hui ; j'ay étudié vos yeux, je les ay veûs plains d'amour pour elle, & enfin tous mes soins ont réussi à me donner une rivalle. Ne suis-je pas bien malheureuse d'avoir travaillé avec tant de succez pour un homme qui étouffe sa passion dans le moment, qu'elle devroit augmenter. Ses soupirs interrompirent la suite de son discours, & aussitôt le Comte de Chamarante, car c'étoit lui qui
étoit

étoit avec elle, répondit, en verité Madame vous êtes bien injuste; Il me semble que vous devriez me plaindre des mesures que je tâche de garder, & de la violence que je me fais pour qu'on ne puisse soupçonner nôtre intelligence. Cependant c'est un crime à vôtre égard, & puis-je donc moins faire, dans le moment que je viens d'épouser une fort belle fille, que de la regarder quelque fois? C'est là où je vous attendois traitre, interrompit Octance, vous la trouvez belle, vôtre cœur a plus de part à l'himen que la politique, vous l'aimez enfin, vous me l'avoüés? non je ne l'avoüe point Madame, reprit-il, je n'aime que vous, & il n'est point de marques que je ne vous en donne. Si cela est à mon choix, dit-elle, je vais vous mettre à une rude épreuve, car enfin sans vous laisser la liberté d'examiner si j'ay tort ou raison, je

I 2 sou-

souhaitte que vous quitiez vôtre femme cette nuit pour me venir trouver dans le cabinet des miroirs, où, si vous m'aimez veritablement, vous trouverez prés de moy une agréable recompence du sacrifice que vous m'aurez fait. Mais Madame, interrompit le Comte, songez vous bien à ce que vous desirez ? qu'est ce que pourra penser Madame de Chamarante ? & si l'on sçait quelque jour que vous étiez dans le cabinet, que ne soupçonnera-t-on pas ? Je prens cet article sur mon compte, dit-elle, & en un mot il faut que cela soit ainsi, ou je romps avec vous pour jamais. N'en parlons donc plus, dit-il en soupirant, vous serez obeïe Madame, & pour le reste je m'en repose sur vos soins. Ils sortirent aussi-tôt du cabinet, & mon frere demeura si surpris qu'il n'avoit point de termes assez forts pour me le témoigner ; pour moi je je ne m'étonnai point de cette conversation, ayant veû entr'eux quelque chose d'aussi fort, il y avoit longtems. Sur le champ je songai à me vanger, & comme on le dit.

Une femme à toûjours une vengeance prête.

Je fus trouver le Marquis de la Ferté. Il étoit dans le cabinet de mon frere couché sur un lit de repos, & si abbattû de douleur, qu'il ne se pût lever quand j'entrai. Mon frere resta dans la chambre, afin de n'être pas témoin d'une conversation, où nous n'avions que des larmes à répandre. Je m'approchai de lui avec beaucoup de trouble, & de confusion, & aprés l'avoir tendrement embrassé, ne m'accusez pas sans m'entendre, lui dis-je, n'ajoutez point ce malheur à ceux qui m'accablent déja, on m'a for-

forcée de donner ma main, à un autre: mais mon cœur n'en est pas moins à vous, ha! Madame, s'écria-il, douloureusement, est-il bien possible que vous m'ayez manqué de foy, que vous ayez violé vôtre parolle, & qu'enfin un autre vous possede. Il alloit continuer d'exagerer sa peine: mais comme je n'avois qu'un moment à rester avec lui, & que de ce moment, j'en avois déja employé une partie, à écouter la jolie conversation de ma belle mere; je l'interrompis pour lui dire, mon cher Marquis si je n'en consultois que mon cœur, je ne vous quiterois assurément point: mais je suis dans l'indispensable necessité d'aller au bal, à moins que je ne vueille qu'on me vienne chercher entre vos bras. Restez persuadé qu'en m'arrachant à vous, je m'arrache à moi-même, & pour vous prouver à quel point je vous aime, je veux bien vous avertir

de

de monter par le degré dérobé dans mon cabinet, je vais en laisser la porte ouverte. Comment me dit-il, cruelle, voulez vous que je sois témoins du bonheur de vôtre mary ? étes vous capable encore de m'insulter aprés m'avoir trahy ? Que vous expliquez mal mes sentimens, lui dis-je, je ne veux point vous insulter, je ne vous ay pas trahy, & si vous faites ce que je souhaite, vous aurez lieu d'être contant de mon procedé. Je le quitai en achevant ces paroles, & aprés être allée ouvrir la porte de mon cabinet, je deffendis dans la salle où l'on m'attendoit pour commencer le bal.

Je sentois en moi-même une secrette satisfaction, de penser que je me vangerois de mon infidelle époux, & cette satisfaction qui me fit passer de la tristesse à la joye, paroissoit dans mes yeux, & sur mon visage d'une

ma-

maniere qui me rendoit plus agréable. Mon mary qui me regardoit avec beaucoup d'attention & de plaisir, regrettoit, je pense, la parolle qu'il avoit donnée à ma belle mere. Son amour pour elle étoit déja si vieux, qu'il tomboit en ruine; Il me voioit jeune, & passablement belle, ma possession étoit pour lui chose nouvelle, & la nouveauté même dans sa femme est assaisonnée de bien des plaisirs; mais enfin il vouloit ménager cette capricieuse personne & il songeoit encore qu'il trouveroit assez d'autres tems pour se payer de celui qu'il alloit perdre avec elle.

Lors que l'heure de se retirer approcha, Ortance & toutes les Dames me conduisirent dans mon appartement, & aprés m'avoir mise au lit, elles me quiterent. Je suis persuadée que Monsieur de Chamarante n'auroit été trouver ma belle mere qu'aprés s'être assu-

assuré de mes plus sensibles faveurs, au risque d'encourir sa disgrace, sans qu'après plusieurs instances de sa part, & une grande oppiniatreté à le refuser de la menne, je me levai, j'entrai dans mon cabinet, & j'en fermai la porte. Comme il ne pouvoit me presser de revenir sans irriter Ortance (qui étoit dans l'autre cabinet & qui entendoit tout ce qui se passoit) il fut la trouver, & elle lui donnoit déja de tendres témoignages de son amitié, lorsque mon pere sortit de derriere la tapisserie. Il y étoit venu pour réjoüir sa vieillesse de ce qui devoit se passer entre mon mary & moy : mais ayant entendu du bruit, & regardant qui le faisoit, il vit, à la faveur d'une lanterne sourde qu'il avoit apportée, que la fête rouloit beaucoup plus sur son compte qu'il ne l'auroit voulu. Il ne sçavoit dans l'excez de sa surprise s'il rêvoit ou s'il étoit

bien

bien éveillé, mais enfin songeant que s'il différoit d'avantage a s'éclaircir de ses doutes, son chagrin augmenteroit peut-être encore par quelques nouvelles circonstances, il commença de fraper sur sa femme & sur mon épous de toute sa force, en les chargeant l'un & l'autre d'injurieux reproches. Mon mary feignit de n'être pas moins étonné que lui, Protestant qu'il avoit crû être avec moy, parce que je m'étois levée, qu'il avoit pensé me suivre & que la nuit, & sur tout en un tel jour, cette faute étoit pardonnable. Pour Ortance elle ne sçavoit pas trop sur quoi se disculper, car il n'étoit point naturel, qu'elle prît en ce lieu mon mary pour mon pere; elle prit le parti de railler, disant qu'elle avoit voulu embarasser le Comte.

Enfin mon pere qui étoit sage & prudent songea qu'en telle affaire se particulierement avec son

gen-

gendre) le moins de bruit qu'on peut faire est toûjours le meilleur; ainsi il témoigna croire ce qu'ils lui disoient & il se retira avec Ortance.

Le tintamare qu'ils avoient fait, & la voix de mon pere me surprirent également, je ne doutai pas qu'il n'y eût là dessous quelque chose de fort plaisant, & pour m'en éclaircir (aprés avoir reçu du Marquis de la Ferté assez de témoignages de tendresse, pour étre sufisemment vangée de mon époux je lui dis de s'en aller) j'allai ensuitte fraper à la porte du cabinet, le Comte ne l'ouvrit qu'aprés que mon pere & sa femme furent sortis. Je lui demandai pourquoi j'avois entendu tant de bruit, il me dit que c'étoit d'impertinent curieux, qu'il avoit trouvez, & querellez, nous nous remîmes aussitôt au lit, & ce ne fût pas sans rire & m'applaudir en moi-même, de ce qui venoit de se passer.

Mon-

Monsieur de Chamarante me trouvant plus aimable que ma belle mere, me préferoit aussi à elle : mais comme elle avoit gagné un grand empire sur mon pere, quoi que l'avanture du soir de mes nopces qui c'étoit passée dans le cabinet des mirois, revint souvent dans sa tête & aigrit son esprit contr'elle, cela n'empêchoit pas qu'elle ne gouvernât encore tout, & par cette raison mon mary ne vouloit point rompre absolument avec elle, mais elle ne laissoit pas de remarquer avec un dépit extrême qu'il y avoit un grand changement dans sa conduitte. C'est de la part d'un amant, pour une femme qui commence d'être sur le retour, une offence mortelle; & comme elle l'aimoit trop, pour décharger sur lui toute sa rage, j'en portois la meilleure partie, d'une maniere qui mettoit bien souvent ma patience à bout.

Le

Le Marquis de la Ferté de son côté n'oublia rien pour se rendre des amis de Monsieur de Chamarante. Mon frere lui en donna touts les moiens qu'il pût, il y réüssit parfaitement, & je le voiois presque tous les jours: mais comme c'étoit ordinairement devant beaucoup de monde, nous étions si contraints, que nous soufrions autant de nous voir de cette maniere, que si nous ne nous fussions point vûs du tout. Je priai mon frere de vouloir bien que je peûsse quelquefois entretenir le Marquis dans son appartement, mais il me répondit que tant que j'avois été à marier il avoit eû une complaisance aveugle pour moi, parce qu'il pensoit bien que le Marquis m'épouseroit, que pour à présent il ne pouvoit se résoudre de m'aider à nourir une flame, qui enfin me causeroit des affaires: qu'encore que mon mary ne fût pas jaloux il pourroit le devenir, aiant sûr tout Ortance toûjours disposée à éclairer mes actions, & à leur donner un méchant caractere. Je restai fort outrée du refus de mon frere, je lui dis qu'il étoit plus obligé qu'un autre de soulager un mal, auquel il avoit donné lieu; que je demeurois bien d'acort d'avoir aimé le Marquis avant même qu'il le soupçonnât: mais que la sévérité de ma Gouvernante, ma jeunesse, & le tems que j'avois été sans le voir, tout cela dis je, commençoit à me guerir, lors qu'il vint flatter ma passion, pour à proprement parler servir celle qu'il avoit pour Mademoiselle de la Ferté; qu'enfin on avoit disposé de ma main, & non pas de mon cœur; que j'étois une malheureuse victime, que l'on avoit immolée & qu'il auroit deû essayer d'adoucir mes peines, s'il n'avoit pû me les ôter tout-à-fait. Il ne voulut point cependant se rendre à mes

mes raisons, & nous nous séparames des plus mal satisfaits l'un de l'autre.

La mort de mon pere qui arriva peu aprés, nous broüilla encore d'avantage, car étant devenû heritier, & en état de disposer de lui il demanda au Marquis de la Ferté, l'accomplissement de sa parolle en lui accordant sa sœur: mais je l'obligai de lui répondre, qu'il s'étoit crû dégagé à son égard, aussitôt qu'il m'avoit veüe mariée, & qu'ainsi il avoit promis sa sœur à un autre. Mon frere s'en altera beaucoup, & ne douta point, que je ne luy eusse rendu ce méchant office.

Depuis mon mariage, j'avois toûjours logé chez mon pere, & quoi qu'aprés sa mort je voulusse me retirer, Ortance qui aimoit trop mon mary, pour se résoudre à le perdre de veüe, s'y opposa sous de feintes démonstrations de tendresse pour moi: mais

Mon

Mon frere ayant refusé d'être mon confident, je jettai les yeux sur une fille qui me servoit, & je crû sans m'y tromper qu'elle me seroit fidelle. Comme mon mary n'avoit aucuns soupçons, & qu'il n'étoit point naturellement jaloux, il m'étoit aisé avec le secours de cette demoiselle, de recevoir tous les jours des lettres du Marquis, & de le voir tres souvent.

Ma belle mere qui de son côté n'avoit pas toute la liberté qu'elle eût desirée pour être avec Monsieur de Chamarante, à cause de l'embarras de ses affaires, & des visittes de son deüil qui l'occupoient tout le jour, pressa tant le Comte de trouver quelque moyen commodes pour rester avec elle, que par complaisance, il feignit un petit voyage. Ils avoient concerté que le même soir, il rentreroit par la porte du jardin, & qu'ainsi ils seroient ensemble

ble sans que je le pûsse sçavoir.

Je songai bien à profiter de cette absence, & le Marquis de la Ferté en fût aussitôt instruit. Il ne manqua pas de venir à l'heure que je luy avois marquée, & comme il avoit plus d'amour pour moi que mon mary n'en avoit pour ma belle mere, il fût le plus diligent & nôtre confidente ordinaire lui donna les moyens d'entrer.

Il faut sçavoir que mon appartement, étoit vis à vis de celuy d'Ortance & qu'ils n'étoient séparez que par l'espace du degré. Comme elle attendoit son amant elle avoit fait ôter toutes les lumieres de sa chambre, & je pris de mon côté la même précaution; ainsi tout paroissoit tranquille & endormy dans la maison, lorsque tout y étoit bien éveillé.

Cette fille qui me servoit aiant conduit le Marquis jusqu'au degrez

degrez elle s'y arrêta pour empêcher que personne le pût suivre; mais dans le trouble où le mettoit sa joye, & l'obscurité de la nuit, au lieu d'entrer dans mon appartement, il passa dans celui d'Ortance, & fermant toutes les portes il se rendit jusqu'a son lit. Il m'a dit depuis, qu'elle l'y receût avec tant de caresses, que son immagination qui étoit déja prévenüe, lui laissa croire pour quelque moments qu'il étoit avec moy : mais quand elle commença de parler, il connût bien son erreur, & l'affliction qu'il en eût le mit hors d'état de pouvoir répondre à tout ce qu'elle s'étoit promise de lui. Une froideur si subitte, & certaines differences, lui donnerent de grands soupçons; ha! perfide lui dit-elle, que viens tû chercher entre mes bras. Je ne puis me flatter que ce soit moi; puis qu'a peine tu m'as connuë, que tu m'as témoigné une secrette te horreur, suis-je donc si peu aimable que tu ne puisse profiter de l'occasion que te donne ta bonne fortune? mais au moins si tu es en état de triompher de ma foiblesse, ne me refuse point de m'apprendre qui tu és; & qui t'a conduit icy, & n'espere pas que je me résolve à te quiter sans cela. Le Marquis étoit dans le plus terrible embarras, où jamais un homme se puisse trouver. Il pensoit qu'en luy avoüant, c'étoit me perdre, parce qu'il n'y avoit point d'apparence qu'il vint pour une autre que pour moy, & il craignoit encore que si le caprice lui prenoit d'appeler & de faire venir du monde, il n'y eût alors plus de témoins de son avanture; & par une suitte necessaire plus de gens à en vouloir pénétrer la cause; il prit la dessus une résolution assez prompte, & assez extraordinaire, Madame, dit-il, en changeant sa voix le mieux qu'il pût,

pût, je suis un malheureux indigne des marques de bonté que vous m'avez données. J'ay sçeû que vous étes une riche veuve, j'ay trouvé moyen à la faveur de la nuit, de me cacher dans vôtre appartement; j'ay mes camarades qui m'attendent sous vos fenêtres, par où je devois sortir avec une échelle de corde, aprés vous avoir volée, mais enfin, m'étant approché de vôtre lit pour entendre si déja vous étiez endormie, vous m'avez reçûë Madame avec des bontez si propres à émouvoir le cœur, que je n'ay plus pensé à mon premier dessein. Il m'a semblé que le thresor que j'allois posseder étoit assez considérable, & si vous vous étes apperçûë de l'extrême abbatement dans lequel je suis tombé, c'est que je n'ay peû m'empêcher de me souvenir, que je ne profitois de tant de graces, que comme un voleur, je voudrois Madame les devoir à
mes

mes soins, à mes services, & si je l'ose dire à mon merite, ha ! que vous êtes délicat s'écria, Ortance en l'embrassant, est-il possible que vous soyez ce que vous me dittes, quand vous êtes si digne d'une fortune distinguée, mais enfin qui que vous soyez, permettez que je vous voye; non Madame interrompit-il, je n'y puis consentir; au moins continuat-elle que je sçache, si vous êtes bien fait, car je sçay déja, que vous avez de l'esprit & de la jeunesse; pour ma personne dit-il, elle est depuis quelque tems si negligée, que j'aurois honte de vous en faire le portrait. Cependant Madame si vous l'agréez vous en jugerez demain vous même à la Messe, aussi bien je ne puis me passer du plaisir de vous voir, après une si heureuse avanture. J'y consens, dit-elle: mais n'y manquez pas, nous prendrons des mesures ensemble, afin de de nous voir, & de vous tirer d'un état, pour lequel vous me paroissez si peu fait. Le Marquis tâcha en cet endroit, de rapeler ses plus vives idées, afin de le séparer d'elle un peu à son honneur, & ensuitte il la quitta.

Ortance n'avoit crû que de bonne sorte ce qu'il lui avoit dit, elle avoit remarqué quelque chose de si propre en sa personne, tant d'esprit, & une conduitte si opposée à celle d'un voleur ; que pour avoir des connoissances plus certaines, elle avoit fait en sorte de glisser la main dans sa poche, & d'y prendre une boëtte qu'elle y trouva. Il ne s'en étoit point aperçû, & se croioit le plus heureux de tous les hommes, d'ê-tre tiré, sans se faire connoître d'un pas si delicat ; il étoit fort tard, quand il revint chez lui, de sorte qu'il se mit au lit, & ne connût pas, que dans le moment où il tâchoit de se faire passer

pour

DE FRANCE. 215

pour un voleur, il venoit luy même d'être volé, d'une des choses du monde qu'il estimoit d'a-
vantage.

Cependant mon mary qui étoit
venû au rendez-vous, aiant trouvé l'appartement d'Ortance fermé & le mien ouvert, il ne voulut pas perdre tous les plaisirs
qu'il s'étoit proposez, & croiant
bien en rencontrer autant avec
moy, qu'avec son ancienne maîtresse, il entra dans ma chambre, & comme je ne dormois
point, parce que j'attendois le
Marquis, entrouvrant mon rideau, & croiant que c'étoit lui, je
dis, pour un homme bien amoureux vous vous faites bien attendre. Monsieur de Chamarante ne
comprit rien à mes parolles, il jugea que je dormois, & que je
rêvois tout haut. Ma chere Comtesse vous n'avez pas lieu, dit-il,
de me faire des reproches, car je
suis revenû exprés, pour passer
la

la nuit avec vous, que devins-je ô Dieu à cette voix! il me sembla neanmoins par une réponce si tendre qu'il n'avoit point de soupçons, & feignant de me réveiller en sursaut, je demandai qui étoit dans ma chambre. Il me dit que c'étoit luy, & me fit tant de caresses que j'eûs lieu de croire qu'il n'avoit point refléchi à mon imprudence, je m'éforcai aussi de lui donner mille marques d'amitié, car jamais une femme n'est si douce, & ne paroît si tendre, que quand elle veut empêcher son mary de prendre des soupçons contre un amant aimé.

Quelque impatience qu'eût Ortance de voir ce qu'elle avoit pris à son aimable voleur, elle ne voulût pas se faire apporter de la lumiere, mais aussitôt que les premiers rayons du Soleil commencerent à paroître, elle se leva, courût à sa fenêtre, & vit que cette boëtte devoit enfermer

un

un portrait. Elle étoit enrichie de fort beaux diamants, & au milieu il y avoit écrit avec des pointes de rubis.

Elle est mieux dans mon cœur.

Elle lût ces mots avec chagrin: mais elle en sentit beaucoup d'avantage de ne pouvoir ouvrir la boëte, elle étoit fermée par un ressort si ingenieusement fait, qu'elle y employa en vain sa force, & son adresse. Elle se remit au lit attandant ce qu'elle vouloit résoudre; mais l'heure d'aller à la Messe la pressa d'en sortir, se flattant qu'elle y verroit son inconnû. Il s'y rendit exprés, & s'étant caché dans le fond d'une Chapelle, il eût le plaisir de la voir se desesperer de regarder si quelqu'un ne viendroit point lui parler. Elle y resta la derniere, & enfin toute dépitée, elle revint chez elle, mon époux l'attendoit

dans sa chambre, il lui fit des reproches d'avoir manqué à ce qu'elle lui avoit promis sur le rendés-vous, & comme dans ce moment elle croioit bien ne revoir jamais son inconnû, & qu'elle vouloit s'excuser prés de Monsieur de Chamarante, elle ne pût s'empêcher par une envie naturelle de parler & de lui raconter une partie de l'avanture qui lui étoit arrivée; elle jura qu'un pressentiment secret l'avoit avertie qu'elle n'étoit pas avec lui, qu'elle avoit voulû l'entendre parler avant de lui accorder aucune faveur, qu'il n'en avoit pas fallû d'avantage pour lui faire connoître qu'elle étoit trompée, & que même en se deffendant des tendres empressements de cet inconnu, elle avoit pris dans sa poche une boëtte de portrait. Vous vouliez vous deffendre Madame, interrompit le Comte en souriant, & vous cherchiez dans sa poche, en verité
vous

vous aviez en même tems bien des differentes occupations. Cette réponse embarassa Ortance: mais sans vouloir s'embarquer à rien particulariser d'avantage, voyez dit-elle si vous serez plus adroit que moy, car je n'ay pû encore ouvrir cette boëtte. Monsieur de Chamarante qui en avoit eû à Milan de pareilles, l'ouvrit aussi-tôt, & à peine eut-il attaché les yeux dessus que la laissant tomber, & tombant luy-même sur un lit de repos, il demeura comme un homme frapé du foudre.

Ortance ne restra pas peu interditte, elle ne sçavoit si elle devoit voir ce qui étoit dans cette boëtte, après l'effet surprenant qu'elle venoit de produire, & elle craignoit un peu que ce ne fût celle de Pandore; mais enfin sa curiosité étant pour l'ordinaire la plus forte de ses passions, elle la ramassa & connût que mon portrait avoit causé le trouble de mon

K 2 ma-

mary; ha! mégere, lui dit-il en rompant le silence tu vas être la source de mes malheurs. J'étois contant, j'aimois ma femme, je m'en croyois aimé, je vivois sans jalousie, & ne cherchois point lieu d'en prendre, il faut que ta maudite curiosité travaille à m'ouvrir un abîme de chagrins. Ma belle mere qui n'étoit pas accoûtumée à de tels compliments, reçût celui là avec toute la colere, qu'on peut immaginer. Comment lui dit-elle, traitre, ce sont donc là les termes que tu emploies, pour me remercier d'avoir contribué à t'ouvrir les yeux, sur la conduitte de ta femme, tu es assez lâche pour souhaiter d'ignorer sa foiblesse & ta honte, afin d'être toy même à l'avenir l'objet de la raillerie publique, c'est en me nommant mégere que tu me payes l'office que je te rends, & tu répends ta vengeance sur l'innocente, au lieu de l'exercer sur

sur la criminelle, en achevant ces mots elle se jetta sur lui, comme une furie, emploiant ses ongles & ses dents, pour servir sa rage: mais le Comte qui n'étoit déja que de trop méchante humeur, la mit bientôt en état d'avoir plus besoin de se deffendre que d'attaquer.

Pendant que ces choses se passoient dans le cabinet d'Ortance, le Marquis de la Ferté fût à peine revenu de l'Eglise, où il s'étoit donné le plaisir de l'aller voir, qu'il s'apperçût de la perte de mon portrait, aprés qu'il l'eût cherché avec le dernier empressement ; rappelant à son souvenir ce qui c'étoit passé, entre Ortance & luy, il ne douta point qu'elle ne l'eût pris, & son desespoir en augmenta beaucoup n'en pouvant immaginer que des suittes fort fâcheuses, cela l'engagea de m'écrire aussi-tôt en ces termes.

„ Si vous étiez moins persuadée
„ de mon amour, je craindrois que
„ vous ne me soupçonnassiez de né-
„ gligence, lors que je vous auray
„ dit, ma chere Comtesse, le mal-
„ heur qui m'est arrivé d'être vol-
„ lé de vôtre portrait. Ce malheur
„ a été précedé d'un autre aussi
„ grand à mon égard, puisque cet-
„ te nuit qui me devoit combler de
„ plaisir, ne m'a comblé que de dou-
„ leur, en un mot, je l'ay passée avec
„ Ortance, par la plus étrange
„ avanture qui je puisse imaginer. Je
„ croiois entrer dans vôtre apparte-
„ ment, quand je me suis trouvé
„ enfermé dans le sien, & même
„ entre ses bras ; n'en soyez point
„ jalouse ma chere Comtesse, je ne
„ vous ay fait aucune infidelité. Ce-
„ pendant elle a selon toutes les ap-
„ parences pris vôtre portrait que
„ j'avois sur moy ; jugez du trou-
„ ble où je suis, & pour sa perte,
„ & pour les suittes que j'en appre-
„ hende ; prenez les mesures que
„ vous

vous pourrez pour les prévenir, "
& disposez de ma fortune & de "
ma vie, comme d'une chose toute "
à vous. Au reste je dois vous dire "
qu'Ortance ne m'a point connû, "
à Dieu, donnez moy de vos nou- "
velles, j'en ay bien besoin pour "
m'empêcher de mourir de dou- "
leur. "

Il est aisé de juger du déplaisir que me causa cette nouvelle: mais aprés avoir rêvé assez longtems, il me sembla que je trouverois encore le moyen de me tirer de cette fâcheuse affaire, & sur le champ je fis cette réponse au Marquis.

S'il est vray que vous ne m'aiez "
pas été infidelle, je me consolle "
de tout le reste: mais la chose est "
difficille à croire, & se rencon- "
trer la nuit entre les bras d'une "
femme de l'humeur d'Ortance, "
être jeune, & en bonne santé, "
mon cher Marquis, je n'ose pouf- "
ser plus loin les circonstances de "
mes "

mes réflexions de crainte de n'y pas trouver mon compte ; j'ignore encore ce qui doit suivre cette premiere avanture ; mais un sentiment d'amour propre m'assure qu'une femme d'esprit, se tire toûjours bien de tout.

Quand j'eûs fermé & envoyé mon billet, je pensai qu'il falloit mettre mon frere dans mes interêts, quoy qu'il y eût déja quelque tems que nous fussions assez froids l'un pour l'autre. J'étois bien seûre qu'il ne me seroit pas difficille de réveiller sa tendresse, ainsi je passai dans son appartement ; il parût surpris de la visitte que je luy rendois, & voulant me recevoir avec quelque sorte de ceremonie, mon cher frere lui dis-je, je viens vous conjurer d'oublier les fautes apparentes que j'ay faittes à vôtre égard, je dis apparantes, car vous m'étes trop cher pour que mon cœur consentit à rien qui pût vous déplaire.

plaire. Je suis dans les circonstances du monde les plus délicates, & même les plus dangereuses, ne voulez vous pas bien m'y servir? ouy assurément, dit-il, en me donnant de grands témoignages d'une tendre amitié, vous pouvez toûjours compter sur moy, ainsi ma chere sœur vous n'avez qu'a parler, pour étre obeïe.

Je luy racontay alors, comme quoy Ortance avoit mon portrait, & les circonstances qui l'avoient fait tomber entre ses mains; à la verité ce ne fut pas sans beaucoup de honte, d'être obligée de lui avoüer, que j'attendois le Marquis de la Ferté, mais comme il falloit dire tout, ou ne dire rien, & que je me le jugeois necessaire, je crûs qu'il valloit encore mieux en avoir la confusion, devant luy, que devant tout le monde; quand j'eus cessé de parler, que n'aurois-je point à vous dire ma sœur? reprit-il si

K 5 vous

vous étiez dans une autre situation, car à présent ce seroit insulter à vôtre malheur: mais en verité je ne peux m'empêcher de blâmer vôtre attachement pour vous perdre? hé! bon Dieu n'avez vous donc point tout ce qu'une personne raisonnable doit souhaiter; un mary honête homme, riche, de qualité, grand trein, grande liberté, bonne compagnie; allez vous faire, dis-je en l'interrompant, comme ce pedant de la fable, qui laissoit noyer son disciple pendant qu'il s'arrêtoit à luy remontrer les perils qu'il y a d'aller sur l'eau, vous avez raison dit-il, ma chere sœur, je dois garder mes tristes reflexions pour un autre tems: mais que voulez vous que je fasse à present; je veux, luy dis-je, qu'au moindre éclat que fera l'affaire dont je viens de vous parler, vous disiez que vous retirant dans vôtre appartement, vous trouvâtes celui

lui d'Ortance ouvert, qu'un mouvement de curiosité vous obligea d'y entrer; qu'adroitement elle vous a pris mon portrait, & qu'enfin la honte d'avoir été avec-elle plus heureux que vous n'auriez voulû, vous a engagé de refuser de lui dire qui vous étiez; voicy une nouvelle histoire interrompit il: mais je vous avoüe que si les autres étoient de mon humeur, ils n'en croiroient rien, & si on ne la croit pas trouvez vous ma chere sœur, qu'il soit bien agreable de me charger de guayeté de cœur, d'une telle avanture? Que s'il arrive qu'on la croye à quoi m'allez vous exposer, car à l'egard du monde, qu'est-ce que l'on pensera, d'un homme qui voit à peine son pere mort, qu'il va remplir sa place dans son lit; & pour Ortance vous devez sçavoir que déja elle essaye par ses parolles, & par ses caresses, de me persuader de m'attacher à elle;

K 6 ainsi

ainsi elle me persecutera, je la fuyray, & je deviendrai l'objet de sa haine, si je ne veux pas être celui de son amour; Considerez encore que s'il paroît que j'écoute, & que je suive si aveuglement mes passions, que d'aller chercher ma belle Mere (elle qui n'a plus la charmante jeunesse) lors qu'on sçaura que j'avois vôtre portrait sur moy, de vous dis-je, qui étes si propre à être aimée, ne pourra-t-on pas penser tout ce que je n'ose même vous faire entendre; Enfin ma chere sœur, je ne vous alegue pas ces raisons, continua-t-il, pour me dispenser de vous servir, mais seulement pour vous engager à m'en fournir les moyens. Mon cher frere, luy dis-je, j'approuve tout ce que vous avez dit : mais aux grands maux, il faut de grands remedes ; il semble à vous entendre que cette scene icy, doit paroître devant le monde, ne voyez vous pas qu'elle se passera en-

entre nous, & que nous sommes tous également obligez d'en garder le secret, ainsi vous ne hazardez que fort peu de vôtre gloire, pour sauver la mienne toute entiere.

Il étoit encore irrésolû lorsque le bruit des coups, qui se donnoient dans le cabinet d'Ortance, & ses cris, nous obligerent d'entrer dans la galerie ; allez mon cher frere, lui dis je, voicy peut-être le moment de me justifier, je ne sçay ce qui se passe, mais vous entendez assez, que c'est entre mon mary & ma belle mere ; mon frere le jugeant comme moy, me quita, & courût dans le cabinet, pendant que je restai prés de la cloison, dont j'ay déja parlé) pour entendre ce qui alloit arriver.

Lors que mon frere entra le Comte & Ortance cesserent leur combat, mais il paroissoit assez à l'état où ils étoient qu'il avoit été vio-

violant, car elle avoit ses cheveux espars, le visage égratigné, & les yeux pleins de rage. Mon mary n'étou guerre mieux, & comme en entrant mon frere vit sur la table cette boëtte de portrait, il fût la prendre avec de grands témoignages de joye; ensuitte s'adressant à Ortance, Madame, dit-il, je ne pensois pas vous avoir si mal satisfaitte, que vous eûssiez lieu de recourir à la vengeance, en me prenant le portrait de ma sœur. Que dittes vous interrompit mon époux avec beaucoup d'émotion, c'est à vous qu'elle a pris ce portrait; Comment; continüa mon frere, le dit elle d'une autre maniere, ouy sans doute s'écria Ortance, je le dis tout d'une autre maniere, & je vous trouve bien hardy, de venir icy me troubler dans mes affaires. Je n'avois pas dessein de vous offenser Madame, reprit-il en souriant, quand je suis venû; ce n'a été que

pour

pour vous épargner quelques coups; & je veux être battüe dit-elle (d'un ton de colere le plus plaisant du monde) vraiment je vous trouve jolly; ha! pour battüe Madame, dit mon frere, j'y consens, Monsieur, dit le Comte en l'interrompant, ne vous arrêtez point à repondre à cette extravagante, & obligez moy de m'apprendre, quand elle vous à pris ce portrait; ç'a été cette nuit, dit-il, je vous prie de me dispenser de vous en raconter les circonstances, Madame les sçait mieux que moy, & n'a point je pense oublié qu'elle n'étoit pas si en colere qu'à présent; ô Dieu! s'écria Monsieur de Chamarante en l'embrassant, puis-je vous exprimer la satisfaction que je reçois? elle m'a voulû persuader des choses effroyables contre ma femme, & c'est le sujet du desordre où vous nous avez trouvez; mais puis que Madame de Chamamarante est innocente, de grace continua-t-il, épargnons luy le chagrin de ce qui s'est passé, car je suis persuadé qu'elle ne pourroit vivre d'avantage, avec cette méchante femme. Ortance dans l'excez de sa surprise, ne pouvoit parler; elle ne doutoit point que mon frere ne dit vray; mais elle ne sçavoit comprendre pourquoi il l'étoit venüe trouver, elle qui lui avoit tant fait d'avances, sans qu'il y eût jamais voulû répondre; ainsi elle se confondoit dans ses propres reflexions, & soufroit sans rien dire les reproches que mon mary & mon frere luy faisoient.

Ils la laisserent avec des témoignages d'un grand mépris, & passerent ensemble dans le Jardin, où le Comte pour justifier son procedé avec-elle, & ses soupçons contre moy, dit à mon frere tout ce qui s'étoit passé, excepté son rendés-vous avec Ortance, & jugez

gez continuat-il si j'avois des sujets apparents de me plaindre; j'entrai la nuit au retour d'un petit voiage, dans la chambre de ma femme; elle me dit que pour un homme bien amoureux, je me faisois longtems attendre; la verité c'est qu'elle rêvoit; mais rapportant à cela que dans le même moment un homme passe la nuit avec Ortance sans qu'elle le connoisse, qu'elle lui prent le portrait de Madame de Chamarante, & que de mon côté j'étois absent & revins sans être attendu, en conscience qui pourroit se deffendre d'ajoûter foy à tant de circonstances. Mon frere qui n'approuvoit que trop ses raisons & qui craignoit, qu'en cherchant à justifier ses soupçons il ne trouvât lieu de les confirmer, se hâta de lui dire qu'il ne falloit plus examiner une affaire qui étoit si bien éclaircie; que pour luy il n'auroit pas crû moins de tant
d'ap-

d'apperences, mais que d'ordinaire on les trouve presque toûjours fausses; ils s'embrasserent ensuitte, & mon frere remit au lendemain à m'entretenir, de crainte qu'on ne remarquât son empressement, & que cela n'eût un mauvais effet parmy des gens, qui peut-être n'étoient pas encore bien gueris.

J'écrivis ce qui s'étoit passé au Marquis de la Ferté, & je me gardai bien de témoigner que je sçavois cette affaire. Le lendemain mon frere vint dans mon appartement, je courûs au devant de luy, & je n'oubliai rien pour lui marquer une tendre reconnoissance; vous m'en devez plus que vous ne pensez ma chere sœur, dit-il d'un air triste, & je ne me trompois pas de croire qu'Ortance, seroit toute disposée à faire de nouvelles follies, voyez le billet qu'elle vient de m'écrire, est-il rien dégal à son
im-

impudence, je le pris & j'y lûs ces parolles.

Ma tendresse étoufe mon ressentiment, je ne suis plus en état de vous faire des reproches, sur ce qui s'est passé entre nous, mais souvenez vous qu'il faut m'aimer, & répondre de tout vôtre cœur, à l'ardeur du mien; vous n'ignorez pas qu'il est peu de femmes plus aimable que moy, dans les momens où l'amour seul decide d'un tête à tête, je pourrois être plus jeune & par là vous plaire d'avantage, mais aussi je serois moins prudente, & plus legere, & je vous ferois achepter par mille soins, & par mille inquietudes, un cœur dont je vous ay mis en possession avant même que vous eussiez la delicatesse de le desirer.

Et bien ma sœur, continüa mon frere, n'avois je pas des pressentiments justes; me voila exposé à la persecution de cette nou-

nouvelle Phedre, & j'aimerois mieux mille fois la triste avanture d'Hipolite que de flatter même ses desirs. Vous vous en embarassez trop, lui dis-je, il faut que vous lui répondiez que vous ne l'avez point trouvée si aimable qu'elle pense l'être dans un tête à tête, & qu'elle peut prendre parti ailleurs sans que vous vous y opposiez. Il vaut mieux, dit-il en souriant, la prier de m'apprêter une dose de poison; hé! bon Dieu ma sœur ne voulez-vous point comprendre le caractere de cette femme ? vous oubliez à quel point elle s'aime, & à quel point elle veut-être aimée. Si elle croit que je ne veux plus de commerce avec elle, fiere comme elle est, se voir refusée aprés les avances qu'elle m'a faittes, & sur tout dans le temps d'une intrigue qui paroît consommée, il n'est point d'extrêmitez où elle ne se porte. Pour vous tirer promp-
te-

tement de cet embaras, interrompis-je, il faut que vous épousiez Mademoiselle de la Ferté; je vous promets mon cher frere de ne rien oublier de ce côté là pour vôtre satisfaction. Je vous en suis infiniment redevable, me dit-il, & je ne doute pas de tout ce que vous voudriez faire en ma faveur: mais vous avés encore de meilleurs moyens, pour me prouver vôtre tendresse; parlez donc dis-je en l'interrompant, car il n'est rien que je ne fasse avec plaisir. Je crains bien que vous n'en ayez pas tant que vous le dites, continüat-il, quand je vous auray conjurée, au nom de cette amitié que vous me promettez, & pour l'amour de vous même, & de vôtre repos, de finir pour jamais le commerce que vous avez avec le Marquis de la Ferté. Je ne pretens point icy vous représenter ce que vous devez à vôtre gloire, & la secrette satisfaction qu'une personne ne raisonnable trouve dans les régles de son devoir, mais laissant toutes ces considerations à part, qui sont néanmoins infiniment fortes, regardez de quels troubles vôtre vie doit être accompagnée si vous ne vous guerissez pas d'un entêtement comme celui-là. Vous sortez d'une affaire si délicate, que vous ne sçauriez assez prévoir pour l'avenir. Il ne sera pas toûjours écrit que je me trouverai en chemin prêt à démêler l'intrigue à mes dépens, & quand bien je le voudrois taire, pensez vous que vôtre mary soit aveugle depuis le prémier jour de sa vie jusqu'au dernier. Je dis aveugle, car à la verité, il a donné dans un panneau bien grossier.

Cependant quoi qu'il soit à présent sans soupçons, la plus légere apparence les reveilleroit bientôs. Or as que qui vous hait, n'obmettra rien pour découvrir quelque chose à vôtre désavantage,

, & Dieu sçait, qu'elles couleurs elle y donneroit? moy même ma chere sœur, je m'opposerai à vôtre passion. Ce ne sera pas en vous perdant par un éclat: mais enfin j'ay les sentiments d'un honnête homme. & si j'apporte tous mes soins pour persuader à vôtre mary ce que vous souhaitez, je ne prétends pas pour cela, me dispenser de ce que je me dois. Hé! bon Dieu que penseroit de moy le Marquis de la Ferté, que je voulusse être de bonne foy vôtre confident? & que je vous souffrisse engagée dans un commerce qui tôt ou tard vous perdroit; & qui me causeroit un mortel déplaisir? Je vous ay écouté sans vous interrompre, lui dis-je, mais ce n'a pas été sans m'étonner de la sévérité que vous avez pour moi. J'avois pensé jusques icy qu'il n'y a qu'un mary qui soit en droit d'être jaloux du cœur de sa femme, ou un amant de sa maîtresse;
mais

mais pour vous mon cher frere quels sont vos titres sur ma conduitte? & en quoy jusqu'a présent à t-elle deshonoré vôtre sang? croyés vous qu'on soit dans le pouvoir de se dépoüiller d'une passion comme d'un habit. Il est bien plus facile de s'en deffendre, que de s'en guerir. J'ay commencé d'aimer avec des esperances legitimes; on m'a sacrifiée aux volontez de feu mon oncle, vous le sçavez, vous devriez m'en plaindre, & soulager mes ennuys, cependant c'est vous qui me persecutez; encore si mon attachement étoit sçeû dans le monde si vous en entendiez parler à mon desavantage, je consentirois de recevoir vos avis; mais j'apporte tant de soin à le tenir secret, que je me le cache à moy-même, en tout ce que je peux. C'est une preuve, interrompit mon frere, que vous le trouvez condamnable, puis que vous n'osez ouvrir les

yeux

yeux dessus; & n'est-ce pas quelque chose digne de pitié, que vous ne vouliez vous corriger qu'aprés un éclat; Serat-il tems alors de vous donner des avis, quand vôtre secret deviendra celui de la commedie, & que chacun se le dira à l'oreille? mais que dis-je à l'oreille, dans le siecle où nous sommes on affiche ces sortes d'histoires. Il sera bien à propos quand vous en serez là de rompre vôtre commerce. Il est vray, dis-je, que je ne m'en consolerois pas, quoi que j'aye la dessus une délicatesse qui m'est particuliere; car, ajoûtai-je, qu'elle est donc cette vertueuse personne, qui garde sans cesse une fidelité inviolable à son époux, & celles qui prêchent tant la severe vertû, sont les mêmes qui disent en secret.

Ce n'est pas l'amour qui nous perd.
C'est la maniére de le faire.

L   Vous

Vous avez de grandes austeritez, interrompit-il, fort serieusement, & vous les sçavez citer à propos, je vous assure cependant que je suis bien mortifié des dispositions où je vous trouve, car je prévois que nous allons retomber dans nôtre premiere froideur, il voulut se retirer en achevant ces mots: mais je l'arrêtai, & l'embrassant avec beaucoup de tendresse, mon cher frere, lui dis-je, je ne vous promets pas d'être victorieuse, mais je vous promets au moins de ne rien négliger pour cela. Je vous aime, je vous ay tant d'obligations, & vous me conseillez si judicieusement, que je ne puis refuser de faire ce que vous souhaitez, sans me faire tort à moi même, nous nous separames en suitte, mon frere fort content, & moy fort resoluë de ne lui pas tenir ma parolle.

Comme il m'étoit de grande conséquence de me ménager, je voyois

voyois le Marquis plus rarement, & je laissois à mes lettres une entiere liberté de lui en expliquer mes peines. Je tachois aussi de témoigner plus d'amitié & de complaisance à Monsieur de Chamarante, afin qu'il ne cherchât point à pénétrer le secret de mon cœur. Il avoit absolument rompû avec Orrance, & mon frere qui en étoit plus exposé à la violence de ses passions, recevoit d'elle une persecution qui le désoloit ; tantôt il feignoit d'être malade, pour ne la point voir, d'autrefois il alloit exprés à la campagne, & enfin elle ne connût que trop l'aversion qu'il avoit pour elle ; mais elle ne voulut pas pour cela abandonner des droits, qui regardoient directement la réputation de ses charmes, elle pensa qu'il falloit recourir aux artifices, & qu'en amour tout est permis ; elle lui écrivit en ces termes.

L 2 *Quoi*

Quoi que vous évitiez soigneusement de vous rencontrer seul avec moi, je ne pense pas, que vous refusiez de me venir trouver ce soir, quand je vous aurai appris que je veux vous dire un éternel adieu; Ouy, cruel, j'ay résolu, fut-ce avec dépens de ma vie de vous arracher de mon cœur, de ce cœur dis-je si foible & si tendre qu'il s'est flaté de vous rendre sensible à sa tendresse, mais hélas? vous n'êtes sensible pour moi qu'à la haine, & au mépris.

En m'apportant ce billet, mon frere me dit, voicy un appel d'Orance, plus dangereux à mon gré, que ne seroit celui du plus brave de tous les hommes, & je vous avoüe ma sœur que je fremis, quand je pense à me trouver tête à tête avec elle, mais quel moyen de m'en deffendre? à moins de la vouloir pousser à bout. Je vous
plains

plains infiniment lui dis-je d'être exposé aux empressements de cette femme, cependant que vous peut-elle faire ? ce ne sera pas par force qu'elle engagera vôtre cœur à se rendre. Il me pria ensuitte d'aller dans la gallerie, d'où l'on pouvoit entendre & voir ce qui se passoit dans son cabinet, que sans doute ce seroit là où elle le recevroit, que je pourrois me divertir de leur conversation & que sçachants, comme il le sçauroit, que j'étois spectatrice de ses actions, cela l'empêcheroit de tomber dans une honteuse complaisance.

Je me rendis sans bruit dans la gallerie, d'où j'apperçeûs mon frere, qui entroit dans le cabinet de ma belle mere, elle avoit quitté ses habits lugubres de deüil, elle étoit vêtue d'une robbe de la Chine couleur de rose & blanc, brodée d'or, sa gorge étoit découverte, & quelque boucles de cheveux tôboient négligemment

dés-

dessus, elle étoit couchée sur un lit de repos, il y avoit beaucoup de lumieres, & j'avoüe qu'elle avoit si bien ménagé tous ses avantages que je ne l'ay jamais trouvée plus belle, car je pouvois aisément la voir par les fentes des planches qui étoient mal jointes. Est-il possible, dit-elle à mon frere, en lui présentant sa main (d'un air plain de tendresse) que pour vous engager de venir où je suis, il faille vous dire, que c'est pour vous faire un éternel adieu? Est-il vray que je sois si peu aimable? ou que vous soyez si peu sensible, que l'offre de mon cœur n'aye pû vous toucher? ou seroit-ce bien le vain scrupule de penser que je suis vôtre belle mere qui vous arrêteroit dans la suitte de nôtre intrigue? Mais non ce ne peut être cette reflexion, puis que vous avez déja fait à mon égard des avances qui y sont toutes opposées, qu'est-
ce

ce donc juste ciel! qui vous oblige
à me fuïr, depuis si longtemps.
Depuis cette fatalle nuit, fatalle
en effet, où je pris tant d'amour,
où je vous en donnai si peu, il
semble que vos yeux s'étudient à
éviter les miens ; il semble dis-je
que mon amour vous fasse rou-
gir, & vous offence, & que vous
avez voulû payer de vôtre haine
la plus tendre passion qui sera
jamais. Madame, lui dit-il, lors
qu'elle eût cessé de parler, je vous
trouve non seulement digne de
mon cœur ; mais je vous l'aurois
aussi donné sans m'y rien reser-
ver, si en effet je ne regardois
avec un scrupule invincible l'al-
liance qui est entre nous ; assez
d'autres Madame plus heureux
que moy peuvent remplir une
place que je ne merite point d'occuper ; il n'est pas d'honête homme
qui refuse de l'acheter de tous
ses soins, & si j'avois là dessus
une entiere liberté, vous verriez

Madame que je ne suis pas insensible à vos bontez, & qui donc traître, interrompis-elle, t'obligea de venir me chercher quand je ne pensois plus à toy ? tu vins alors troubler tout le repos de ma vie, tu n'étois point scrupuleux dans ce funeste tems, tu sçavois bien qui j'étois, & tu ne m'en promettois pas moins d'ardeur & d'amour, non non ne crois point aussi me persuader la sinderese de ta conscience, tu n'en as point crüel; mais cesse de t'y tromper, il faut que tu m'aimes où il faut que je meure à tes yeux ; parle, détermine toy, & ne hésite pas dans une réponce, de laquelle tout mon sort dépend ; ha! Madame dit-il, tournez plûtôt contre moy vôtre colere, j'avoüe que je la mérite, frapez Madame un cœur qui refuse de vous reconnoître, vous serez vengée, & je mourray contant si je meurs de vôtre main.

Pen-

Pendant tout ce tems, je tremblois de peur, que cette desesperée, ne fit quelque funeste extravagance; mais enfin reprenant la parolle, elle s'écria, c'en est donc fait perfide tu n'es point capable d'être touché ni par mes prieres, ni par mes larmes, Vas fuis, éloigne toy pour jamais de mes yeux & crains tout ce que l'amour outragé est capable de faire pour tirer une juste vangeance. C'est ainsi que se passa la scene du cabinet qui me parut incomparable, & dont je ne peux m'empêcher de rire toutes les fois qu'il m'en souvient: mais pour continuer à vous parler de moi je vous diray Madame, que je voiois le Marquis de la Ferté moins que jamais, & ma tendresse pour lui, bien loin d'en diminuer, prenoit de nouvelles forces, par la violence que je me faisois. Je soulageois mes peines, en lui écrivant tous les jours,

& quoi que je sceusse bien de quelle conséquence sont les lettres, & que j'en eûsse un exemple ressent, dans l'affaire de ma belle mere, je fus si imprudente un jour que de lui écrire un billet en ces termes.

Si c'étoit une régle generalle, que lors qu'on n'a point ce qu'on aime, on aime ce qu'on a, je pourrais me consoller de vôtre absence avec mon époux, mais je sens bien mon cher Marquis qu'il n'y a que vous mêmes, qui puisse toûjours remplir vôtre place dans mon cœur, à-dieu, j'espere vous voir dans peu, car celui qui me gêne doit faire un petit voyage; Ce sera pour lors le tems des plaisirs & des tendres amours; ne perdez jamais un moment à me dire que vous m'aimez, c'est le seul plaisir de ma vie.

J'allois fermer mon billet, lors que mon mary entra, mon trouble

ble lui parût aſſez, il en demeura confus lui même, & me demanda, pour qui étoit le billet que j'avois voulû cacher, je lui dis en riant qu'il étoit d'une belle Dame, qui m'avoit priée de le rendre à mon frere, que j'avois eû la curioſité de l'ouvrir, & qu'apréhendant qu'il ne s'en apperçeût, je le recacherois; quoi que j'eſſayaſſe de paroître aſſurée, la ſurpriſe avoit laiſſé une impreſſion de frayeur ſur mon viſage, qui n'avoit pû encore s'en effacer. Je ſuis diſcret, me dit-il, je vous prie que je voye ce billet, je n'ay garde de vous le montrer, dis-je d'un air enjoüé, vous connoiſſez trop celle qui l'a écrit, c'eſt ce que je ſoupçonne auſſi, me dit il, avec impatience : mais parlons de bonne foy Madame, ſi vous refuſez d'avantage de me le montrer, je croirai qu'il eſt de vous, la penſée eſt injurieuſe, lui dis-je fierement, & je ne ſçavois

vois pas Monsieur que ma conduitte avec vous, me deût engager à de telles justifications: mais non, continuai-je, il n'est pas de moy, je vous en réponds, cependant je ne puis vous le laisser voir, & moy dit-il, d'un ton plain de colére, je ne puis ni ne veux m'en passer; il voulut alors me l'arracher, & mon oppiniatreté à m'en deffendre, acheva de le confirmer dans ses soupçons, de sorte qu'il me prit ce billet, aprés m'avoir fait beaucoup de violence.

Lorsqu'il l'eût entre ses mains je voulûs sortir du cabinet: mais il en ferma soigneusement la porte, & ouvrant le billet il vit la confirmation de ce qu'il craignoit; il me regarda quelque tems d'un air plain de mépris, agittant en lui même, s'il me maltraiteroit: mais sçachant bien que ce n'est jamais le party d'un honéte homme, il me dit avec assez
de

de moderation, Madame vous étes bien heureuse d'être tombée, entre les mains d'un homme de mon caractere; aprés ce que je viens de lire dans vôtre billet, il n'est point de vengeance que je ne pûsse prendre de vous, sans être blamable: mais ne craignez rien, car la violence contre une femme me paroît honteuse. Je me jettay à ses pieds, & embrassant ses genoux, je le conjurai de me pardonner, j'y ajoûtai que je ne pretendois par aucune raison me justifier, afin d'être toute redevable à sa bonté, que cependant je ne pouvois m'empêcher de luy dire, que je n'avois eû la foiblesse de prendre un attachement, que parce que je croyois qu'il ne m'aimoit point, que ce qui s'étoit passé le soir de mes nopces entre lui & Ortance, dont je n'avois été que trop bien informée, avoit révolté mon cœur, & que je lui promettois de ne tomber de ma vie en aucune faute à son égard, s'il vouloit bien oublier celle-là, tout de bon je croy que je l'aurois fait tout comme je le disois: mais il tint dans la suitte un procedé avec moy, qui ne s'accordoit guere à cette grande modération qu'il avoit témoignée. Relevez-vous Madame, me dit-il, je suis surpris que vous sçachiez le commerce que j'ay eû avec Ortance, & encore plus surpris que vous vous en soyez fait une autorité, pour vous perdre & me deshonorer: mais continua-t-il, faisons l'inventaire de vôtre cassette, quand vous écrivez de si jollis billets, vous y recevez sans doute d'agréables réponses, & je veux un peu sçavoir quel est ce beau Marquis dont l'absence vous coûte si cher. Monsieur, lui dis-je fondant en larmes, de grace n'insultez pas d'avantage à mes malheurs, si vous voulez ma mort me voicy tou-

toute disposée à la recevoir, & je la prefererai à la honte, que vous me voulez faire. Il ne me répondit rien, & prenant ma cassette, il m'obligea avec violence de luy en donner la clef, dans l'excez de mon desespoir; je courûs à la fenêtre afin de me precipiter, & de mourir promtement; mais il m'en empêcha, ouvrit ma cassette, & trouva toutes les lettres que le Marquis m'avoit écrittes, son portrait, & mille présents où l'amour seul avoit part. Bon Dieu se pouvoit-il rencontrer en quelque lieu du monde, une personne plus imprudente que moy? avoir gardé tant de lettres ou plûtôt les avoir receües; mais enfin les réflexions làdessus ne sont plus de saison.

Mon mary connût qu'il avoit été la duppe, quand mon frere lui fit croire que mon portrait étoit à lui, il ne douta pas non plus que ces lettres n'eussent été écrit-

écrittes par le Marquis de la Ferté, puis qu'il en reconnût le caractere & le portrait. Aprés avoir examiné toutes ces choses, il me quita sans être touché de mes prieres, ni de mes larmes. Il m'envoya un vieux Gentilhomme qui avoit été son Gouverneur, avec son Secretaire. Il avoit une grande confiance en eux, ils resterent toûjours prés de moy, sans me laisser la liberté de parler, ni d'écrire à personne.

Pendant ce tems Monsieur de Chamarante fût trouver mes plus proches parents, & les prier de venir le lendemain chez luy, je ne pûs avoir le moyen de faire avertir mon frere de ce qui se passoit, & lors que selon sa coûtume il vint le soir dans mon appartement, on lui dit que je m'étois trouvée un peu mal, & que je reposois. Je ne m'arrêterai point à vous dépeindre, Madame, l'état douloureux où je me trouvois, il il est bien aisé de se le figurer, sur tout si vous comprenez, que j'ay beaucoup de cœur, & de fierté naturelle.

Je passai la nuit gardée à veüe, & mon mari n'entra que le lendemain dans ma chambre. En effet lors que tous mes parents se furent rendus chez lui (sans qu'ils sçeussent rien de ce qu'il vouloit leur dire) il me vint querir, & je le suivis comme une criminelle. Messieurs, dit il en me présentant à eux, ce n'est pas sans une extrême douleur, que je vous ay priez de venir chez moy, puis qu'il s'agit de vous faire connoître la méchante conduitte de la personne du monde que j'ay le plus aimée, & que cette personne qui est Madame de Chamarante, vous touche de si prés ; la voila Messieurs qui peut s'accuser elle même, & si elle refuse de le faire, voila des lettres sans nombre, & particulierement la sien-

tienne, voila un portrait, voila des cheveux, enfin voila mille témoins qui parlent contre elle; j'aurois peu m'en faire justice, si j'avois voulû écouter les premiers mouvemens de ma colére: mais ayant fait reflexion à l'honneur qu'elle a de vous appartenir, j'ay mieux aimé la soûmettre à vôtre jugement. Pendant qu'il parloit, ils me regardoient avec des yeux pleins de fureur, & mon frere en qui je croyois trouver quelque pitié, étoit celui qui paroissoit le plus animé; qu'avez vous à repondre s'écrierent-ils tous d'une même voix, Que je ne disconviens pas dis-je d'avoir eu l'imprudence d'écrire cette lettre, & d'avoir receu celles qu'on produit contre moy, mais que j'y ay été engagée par un sentiment de vengeance; puis que j'ay toûjours sçeû, que Monsieur de Chamarante avoit un commerce honteux avec Ortance; que ni lui ni
per-

personne au monde ne peuvent dire que j'aye manqué à l'essentiel de ma gloire, que la foiblesse d'écrire, se doit pardonner à mon âge, & à mon ressentiment, & que jamais l'on n'a puny une femme parce qu'elle aime, car il n'est pas en elle de ne point aimer : mais qu'on l'a punie quand elle s'est abandonnée à sa passion, parce que cela a dépendû d'elle, & je suis aussi disposée à subir vôtre condemnation, si l'on prouve que je me sois abandonnée à ma passion. Ce peu de parolles accompagnées d'une grande abondance de larmes les émût, & alloit avoir un heureux effet, si Monsieur de Chamarante qui s'en apperçût, & l'apprehenda, n'eût protesté qu'il ne vouloit plus vivre avec moy, & que si on luy refusoit la satisfaction qu'il avoit lieu de se promettre, ceux de mes parents qui m'absoudroient, pourroient bien en même tems se charger

du

du soin de ma conduitte, cela les étonna, il est peu de parens qui aiment assez pour s'embarasser d'une personne malheureuse; je me flatois que mon frere les en prieroit, & n'oublieroit rien pour me servir, mais il parût avoir plus de dureté que pas un, & ce fût lui qui dit le premier que pour satisfaire mon mary, il me falloit enfermer dans un couvant, tel qu'il le choisiroit, & pour le tems qu'il lui plairoit; quand je l'entendis parler de cette maniere, je le regardai tristement, & pour tout reproche, je lui dis ce que Cesar dit à Brutus, lorsqu'il en fut assassiné.

Et toy aussi mon fils.

Oüy ma sœur & moy aussi, reprit-il, je seray toûjours le premier à punir vos imprudences. Mes autres parents n'avoient garde de prendre l'afirmative pour moy, noy, contre mon mary, & contre mon frere, ils suivirent tous le sentiment de ce dernier, & dirent, qu'à cause de ma méchante conduitte, ils consentoient que Monsieur de Chamarante me mit dans le couvant, & pour le tems qu'il voudroit; cette belle assemblée se termina ainsi.

Sans differer on me fit monter dans un carosse à six chevaux, avec le Gentilhomme & le Secretaire de mon mary. Ils me conduisirent à une abaïe qui est dans le fonds de l'Auvergne, nommée le Mont d'or, la sœur du Comte de Chamarante, en étoit abbesse. Il lui écrivit ce qui s'étoit passé, & la pria très instamment d'empêcher que j'eusse commerce avec quelque ce soit au monde. Cette fille qui est severe, & naturellement de méchante humeur suivit ses intentions avec une exactitude qui tenoit beaucoup de la tirannie, & jamais l'on l'on n'aie été plus malheureuse, que je le fus, dans ce triste séjour.

Quoi que l'on eût pris toutes les précautions possibles pour empêcher que mon affaire, ne fît éclat dans le monde, il y eût beaucoup de personnes qui en furent informées, & particulierement le Marquis de la Ferté. La part qu'il y avoit & sa passion pour moy, le toucherent si vivement qu'il ne se pouvoit rien ajoûter à son desespoir. Il employa tous les moyens imaginables pour sçavoir en quel lieu l'on m'avoit menée, afin de m'en retirer; mais quelquechose qu'il pût faire, il fût toûjours sans aucun succez. Ne pouvant donc comprendre que le secret de mon séjour se gardât si inviolablement, & que moi même je ne peûsse trouver moyen de l'en avertir, il vint à croire que mon mary m'avoit fait mourir; ses soupçons étant confirmez par quelques circonstan-

ces

ces que mon frere avoit dittes exprés à Mademoiselle.

Le Marquis ne doutant pas de mon malheur, il ne voulût plus rien menager aprés m'avoir perdüe, & ne songea qu'à me vanger. Il fit aussi-tôt appeler Monsieur de Chamarante, qui étant trop brave pour refuser de se battre, se trouva exactement au lieu du rendé-vous. Deux Lions s'attaquent & se deffendent avec moins de courage que firent ces deux Cavaliers, l'un pour venger sa maîtresse, l'autre pour venger son honneur, ils se percerent de coups, aucun n'eût l'avantage, & ce fût seulement l'abondance du sang qu'ils perdoient & l'excez de leur foiblesse qui les sépara, ils tomberent à quelque pas l'un de l'autre, & furent trouvez en cet état par leurs gens, ils les emporterent, & ce ne fût pas même chez eux, car vous sçavez, Madame, que les duëls en France

font

sont sans retour, ainsi leurs amis ne permirent pas qu'ils prissent le tems de le guerir, & ils les firent partir en toute diligence. Le Roi témoigna un grand ressentiment de ce combat, & il commanda, qu'on ne perdît pas un moment à les chercher, & à faire leur procez.

L'Abbesse de Mondfort sçeût avec une douleur extrême, le malheur de son frere, elle ne m'en dit rien: mais pour m'en punir comme si j'y eusse contribué, elle me traitoit beaucoup plus mal, & il y avoit déja deux ans que je vivois dans cette rigoureuse captivité, sans avoir encor pû trouver les moyens de m'en échaper, & sans avoir rien apris du Marquis de la Ferté dont la tranquilité sur ma mauvaise fortune me persuadoit assez l'infidelité, & me faisoit même plus souffrir de peines que toutes les rigueurs d'une retraite si austere, lorsque le Chevalier

valier d'Antrague (ce même parent de ma belle mere, qui m'avoit beaucoup aimée, que je n'avois pas haï, & duquel je vous ay déja parlé) ce même di-je vint au Mont d'or, pour des affaires qui n'ont rien de commun avec mon histoire.

Je dois vous dire Madame qu'il est bien fait, & trés brave, qu'il sçait vivre, qu'il a infiniment d'esprit, de douceur, & de complaisance. Un jour comme il se promenoit il rencontra le jardinier de l'Abbaye, chargé de fort beaux fruits, il commanda à ses gens qu'on les achetât, & s'informa de lui des particularitez de l'Abbaye, si l'Abbesse étoit jeune, & les religieuses belles. le bonhomme répondit à toutes ces questions du mieux qu'il pût, & tombant sur mon chapitre, je vous assure dit-il, Monsieur qu'il y a entr'autres une pensionnaire bien plus belle que les autres : mais si le est si triste, qu'elle soupire sans cesse. Le Chevalier sentit une grande curiosité de me voir, il demanda au jardinier si je ne sortois point, il lui dit que non, & qu'il sembloit qu'on me retenoit plûtôt par force qu'autrement. Je voudrois bien la connoître, continua le Chevalier, & si vous m'en pouvez trouver les moyens, je vous récompenserai, d'une maniere que vous aurez lieu d'être contant. Une promesse comme celle-là réveilla toute la vivacité de ce pauvre homme, il y rêva quelque tems, & lui dit ensuite que le meilleur expédient, étoit qu'il voulût prendre un habit comme le sien, & passer pour son valet. Le Chevalier qui étoit fort desoccupé, trouva quelque chose d'assez plaisant dans un tel déguisement; il songeoit bien que personne ne pourroit le reconnoître en un lieu comme celui-là, ainsi il dit au jardinier qu'il le feroit

roit tres-volontiers, qu'il ne manquât pas le lendemain de venir chez lui, & qu'en attendant il feroit faire son habit.

Je m'étois levée ce jour là de bonne heure; je me promenois dans une allée couverte qui borde le parterre, & lorsque le Chevalier entra, il entendit que je chantois un air de Proserpine, qui finit par ces parolles:

Ma chere liberté que vous aviez d'attraits.
Faut-il vous perdre pour jamais?

Sans doute, dit-il au jardinier, cette personne qui chante regrette la perte de sa liberté, c'est la même dont je vous ay parlé Monsieur, dit le bon homme, car je connois bien le son de sa voix, il me semble aussi dit le Chevalier qu'il ne m'est pas tout-à-fait étranger, en achevant ces mots il voulut entrer dans le labirinthe pour me venir chercher: mais le Jardinier le retint, luy disant, que l'Abbesse y seroit peut-être, qu'elle s'en fâcheroit, & qu'il valloit mieux attendre dans le parterre, que j'y viendrois sans doute ceüillir des fleurs, le Chevalier en voulut bien croire son conducteur: mais s'étant approché de la palissade, il m'apperçeût couchée au bord d'une fontaine, ma tête appuyée sur une de mes mains, il ne pût voir mon visage, parce que j'étois tournée, & il entendit seulement, qu'aprés avoir soupiré, & gardé quelque tems un profond silence, je commencai de chanter ces parolles:

L'autre jour, Climene,
Soupiroit si tendrement
Qu'on voyoit la peine
Qu'elle souffroit en aimant;
Helas! disoit-elle,
Se plaignant de son berger
Cœur

Cœur infidelle
Tu veux te dégager
Et pourquoy m'aimois tu ? si
tu voulois changer ?

Comme il sçavoit cet air, & que sa voix est tres belle, pour me donner à mon tour quelque curiosité, lors que j'eûs fini ces paroles, que je ne chantois que par rapport au Marquis de la Ferté il reprit les deux derniers vers, & dit aprés moy

Tu veux te dégager
Et pourquoy m'aimois tu ? si
tu voulois changer ?

Je me levai brusquement, pour voir d'où venoit cette voix, que je trouvois encore plus charmante dans cette affreuse solitude, que je n'aurois fait par tout ailleurs, & croyant qu'on chantoit dans le bois, j'y entrai avec tant de promptitude qu'il me perdit

dit de veüe : mais jugeant que je le cherchois, il continüa de chanter

Où étes vous allée mes belles amourettes,
Changerez vous de lieu tout les jours?

Il alloit achever cette vieille chanson que François premier fit dans ses jeunes années, mais le jardinier appercevant que l'Abbesse entroit dans le parterre, il l'en avertit, il se tût aussi-tôt, & se mit à arracher quelque buis.

Si l'Abbesse avoit été attirée en ce lieu par les oreilles, elle y fut arrêtée par les yeux, la bonne mine, la jeunesse, & les graces naturelles du Chevalier la surprirent, quoy qu'il eût un habit qui n'étoit guere propre à le faire paroitre, elle ne laissa pas d'en rester charmée, elle lui com-

commanda de chanter, & il le fit avec l'air le plus innocent qu'il pût affecter, elle en parût contante, demanda d'où il étoit, & luy dit qu'elle avoit envie, puis qu'il chantoit si bien de le mettre à son lutrin, qu'elle feroit scrupule de laisser un garçon comme luy, passer sa vie à planter des choux, & qu'il ne manquat pas, de la venir trouver dans son appartement; il la remercia, & elle rentra dans le bois comme j'en sortois, pour voir si je pourrois trouver celuy dont la voix me sembloit si agreable.

Le Chevalier m'apperçeût, & craignit que je ne passasse encore sans m'arrêter, & sans qu'il pût me voir, il cüeillit avec diligence quelques branches de jasmins, & vint me les apporter: mais qu'elle fut sa surprise lors qu'il me reconnût, je remarquai qu'il pâlissoit, & qu'au lieu de

me présenter les fleurs qu'il tenoit, il recula quelque pas; un arbre contre lequel il s'appuya l'empêcha de tomber, il ne sçavoit me parler, & sa joye & son étonnement l'avoient rendu müet. Pour moy qui ne pouvois m'imaginer un homme de qualité comme Monsieur d'Autragué sous les habits d'un jardinier dans le fond de l'Auvergne, quoy que je retrouvasse assez son idée, je ne la voullois pas croire; qu'avez vous luy dis-je qui vous rend si confus, est-ce que vous m'avez veüe autrefois? & que je vous connois ? helas! Madame, me dit-il, le trouble où je suis n'a-t-il peû encore vous rappeler le souvenir d'un homme pour qui vous avez eû quelques bontez. Je vous retrouverois bien en Monsieur d'Autragué, luy dis-je, mais je vous avoüe que je ne puis le retrouver en vous; je le suis neanmoins Madame, conti-
nuat-

nuat-il, & satisfait à present de ma destinée puisque j'ay l'honneur de vous voir ; vous me voyez en effet repri-je en soupirant : mais c'est dans un état si triste que vous devez plûtôt vous en affliger que vous en réjoüir. he ! Madame continuat-il puisque je suis venu jusques icy par un espece de miracle ne me rendez pas inutile à vôtre service ; je me tiendray trop heureux d'y sacrifier mes soins, ma fortune, & ma vie. Des sentiments si genereux, luy dis-je, ne me surprennent point d'un cœur fait comme le vôtre ; cependant je vais vous quiter, quelque plaisir que j'eusse à vous entretenir plus long-tems : mais j'aprehende qu'on ne s'apperçoive de nôtre conversation, j'espere vous voir demain, & vous dire ce que j'aurai resolu.

 Je me retirai aussi-tôt avec une inquietude mêlée de joye &

d'esperance qui ne se peut comprendre. Il me sembloit qu'il y avoit quelque chose de surnaturel dans l'arrivée du Chevalier, & que si je manquois d'en profiter, je meriterois bien que la fortune m'abandonnât tout-à-fait.

J'étois allée dans la chambre de l'Abbesse, où par politique, il falloit que je parusse quelque moments du jour, lors qu'on luy dit que Gonfanille (c'est ainsi que le Chevalier se faisoit nommer) attendoit ses ordres ; qu'on le fasse venir, dit-elle d'un air tout émeû, je seray bien aise de luy parler. Je vis entrer aussi-tôt le Chevalier qui dans l'impatience de m'entretenir s'étoit souvenu de l'ordre que l'Abbesse lui avoit donné de la venir trouver, mais comme je ne sçavois point, qu'elle luy eût parlé le matin, je ne pouvois assez m'étonner de son imprudence. Gonfanille, me dit l'Abbesse, chante fort bien,

je

je veux que vous en jugiez, & faire de luy quelque chose de bon; elle luy commanda de dire un air, & il s'en acquita d'une maniere si naïve, & si naturelle, que je ne sçay comment nous pûmes resister l'un & l'autre à la tentation de rire. Mais il n'en étoit pas tems, & nous avions trop de mesures à garder. Je remarquois que les yeux de l'Abbesse brilloient d'un feu qui leur étoit extraordinaire; elle paroissoit inquiette, elle faisoit cinquante questions à la fois au Chevalier, elle admiroit la moindre de ses actions, & souvent elle me disoit que le caractere simple de Gonfanille lui plaisoit d'avantage que celuy des plus beaux esprits de nôtre siecle, qui sont pour la plûpart remplis d'une vanité & d'une bonne opinion d'eux même insuportable. Je vis aisément qu'elle avoit pour luy une tendre inclination, je craignis même qu'elle ne sçeût que je lui avois parlé, & qu'elle n'en devint jalouse; toutes ces considerations m'obligerent de sortir de son appartement avant le Chevalier, je fus dans le jardin, je sçavois qu'il devoit y passer, & je luy écrivis ces mots sur mes tablettes, afin de les lui donner.

Je suis gardée comme une prisonniere d'Etat; je n'ose vous parler de crainte qu'on ne m'en fasse un crime, & je ne sçay comment pouvoir sortir; l'Abbesse vous aime, ses petits yeux ont déja essayé de vous en instruire, ménagez-la, ce sera peut-être un moyen qui nous servira, ne chantez point à son lutrin comme elle là dans la tête, & ne manquez pas de m'écrire; mettez vôtre lettre sous la caisse d'un oranger, pour vous la faire connoitre, je graverai dessus un cœur flaiché.

Com-

Comme j'achevois d'écrire j'aperçûs le Chevalier derriere moi & l'Abbesse à la fenêtre de sa chambre qui le regardoit: je passai prés de lui sans m'arrêter, & laissant tomber mes tablettes à ses pieds, faites ce que je vous écris, luy dis-je, & aimez quoyque je ne vous l'écrive pas.

L'Abbesse impatiente de revoir son cher Gonsanille se leva le lendemain avec le jour, & courut en deshabillé dans les jardins. Elle s'étoit renduë plus propre qu'à son ordinaire, & si-tôt qu'elle l'apperçût, elle l'appela, le caressa fort, & ne croyant pas qu'il entendît aucuns des termes d'une passion délicate, elle hazarda de s'en servir, elle se faisoit un plaisir à elle même de luy dire ses sentimens, mais le faux Gonsanille qui avoit les veües, sçeut profiter de tout,

M 7 &

& sans m'arrêter à particulariser d'avantage leurs tendres conversations, je me contenterai de vous dire Madame, qu'il la reduisit au point, de luy confier la clef d'un porte qui donnoit dans le bois, & répondoit à un degré derrobé, par lequel il devoit entrer dans son appartement, il m'en avertit par un billet en ces termes :

S'il m'étoit aussi aisé de faire des progrés auprés de vous Madame, qu'auprés de R Ahosse, je serois trop heureux. Cependant je m'applaudis d'avoir pû lui inspirer quelque tendresse, puis que je trouve les moyens de vous servir. Je suis déja maître de la porte du bois, profitons-en & je prendrai soin du reste. C'est cette nuit où j'espere que l'enlevement d'une Hélène, comme vous Madame, rendra mon sort plus glorieux que ne fût celuy de l'amoureux Paris.

Je trouvai ce billet sous la quaiſſe de l'oranger, comme tous les autres qu'il m'avoit écrits. Je ſongai auſſi-tôt, à pouvoir me cacher ſans qu'on s'en apperçeût, je fus à ce degré, j'y remarquai un endroit tout propre à ce que je voulois, j'allai en ſuitte me mettre au lit, je priai qu'on m'y laiſſât en repos, & dés que les Religieuſes, qui étoient commiſes à me ſuivre comme mon ombre m'eûrent quitée, pour tromper leur vigilance, je coëffai un carreau de pluſieurs cornettes, & le mis en ma place, je me rendis au degré, & à peine étois-je deſſenduë, que j'entendis venir l'Abbeſſe; je craignis alors d'être découverte, & penſai mourir de chagrin; mais dans ce moment elle n'étoit guere occupée de moy, elle reſta un peu à la porte pour voir ſi ſon Gonfanille ne venoit pas, elle l'appela pluſieurs fois,

fois, & ne l'ayant point apperceuë, elle retourna remplie d'impatience dans son appartement.

Pour peu que l'Abbesse eût resté elle auroit été satisfaitte; car il arriva presque aussi-tôt. Il ouvrit la porte, & j'en sortis avec tout l'empressement qu'on se peut figurer. Il me reçeût entre ses bras, & donnant dans ce premier moment une entiere liberté à sa joye, & à son amour, il ne me fut pas difficile de connoître qu'il m'aimoit cherement, & qu'il étoit aussi satisfait que moy de me voir en état de fuïr mes ennemis. Il m'avoit fait apporter un habit d'homme, je m'habillai promtement, & nous montâmes à cheval. Il n'y fus seulement d'un de ses valets de chambre qui luy étoit fidelle. Il avoit renvoyé le reste de son train, afin de pouvoir faire une plus grande diligence avec moy, & ce n'étoit pas
une

une chose peu necessaire, car l'Abbesse, qui passa la nuit, à courre inutilement à la porte de son parc ayant appris le lendemain, qu'on avoit trouvé dans mon lit un carreau coëffé de mes cornettes, & sçachant que ni moy ni Gontanille ne paroissions plus, elle entra dans toute la fureur qu'on sçauroit imaginer. Elle étoit sensiblement touchée de ma fuitte, & appréhendoit beaucoup la colere de mon mary, cependant la crainte l'animoit moins à faire courre aprés moy, que le dessein & l'esperance de ratraper son amant fugitif. Elle n'oublia rien pour nous couper tous les passages, sa passion la rendit ingenieuse & diligente : mais ma bonne fortune l'empêcha de réüssir.

Cependant je m'avançois, en grande hâte vers Lion, & comme mes forces ne pouvoient suffire à mon courage, & même à la necésnécessité de fuïr, nous primes le Rône & nous rendîmes à Avignon. Cette ville qui dépend en partie du Pape, me parut un lieu assez propre pour me reposer quelques jours, & attendre des Lettres de Paris. Je priai le Chevalier d'y écrire, pour être informée des nouvelles de Monsieur de Chamarante; je l'engageai aussi d'en demander de mon frere, & luy dis le plus délicatement que je peûs, que j'en voudrois même sçavoir du Marquis de la Ferté; mais il étoit trop jaloux de mon cœur pour recevoir cet ordre avec indiference. Aprés vous avoir abandonnée à la rigueur de vos ennemis, vous songez à luy Madame, me dit-il, helas! que seroit-ce donc s'il avoit fait son devoir? ce seroit, dis-je en rougissant, que je l'aimerois encore & qu'à present je ne l'aime plus. Si cela est, continuat-il d'un air soumis, oubliés les Madame, je je vous en conjure, par les premieres bontez que vous avez eües pour moy, & par la passion que je n'ay pas cessé d'avoir pour vous. J'y consents dis-je, en luy donnant ma main, & je vous feray même un médiocre sacrifice, puisque son procedé est si éloigné de ce que j'aurois dû m'en promettre. Il ferma prontement ses lettres, crainte que je ne changeasse d'avis, & ensuitte, il me remercia de ma complaisance. Il est vray aussi qu'il étoit bien digne que j'en eusse pour lui, car tout ce qu'on peut s'imaginer sur une passion est au dessous de celle qu'il avoit pour moy.

J'aurois assez voulu laisser le personnage de Cavalier, pour reprendre le mien naturel : mais la crainte d'être connüe m'en empêcha. Je fis même couper mes cheveux comme les hommes les portent, afin qu'on eût moins de soupçon, & j'étois si bien &
si

si naturellement de cette manieres, étant grande comme je suis
& menuë, qu'on ne doutoit pas,
que je ne fusse ce que je parois-
sois être, & si j'ay peû passer
pour belle dans mon sexe, j'ose
dire qu'il n'y avoit personne dont
je ne surprise & n'arrêtasse les
yeux sous celuy-là.

MEMOIRES DES AVANTURES SINGULIERES DE LA COUR DE FRANCE.

Dedié à Madame la Comtesse de Monbasille.

Par l'Auteur du Voyage & Memoires d'Espagne.

TROISIE'ME PARTIE.

A LA HAYE,
Chez JEAN ALBERTS,
Marchand Libraire prés la Cour.

M. DC. XCII.

MEMOIRES
DES
Avantures Singulieres
DE LA COUR
DE
FRANCE.

JE veux bien vous rendre conte de ce que je say de la Comtesse de Monbasille. J'ignorois que vous la connussiez, & je vous assure que je me fais un vray plaisir de vous parler d'elle.

Il y avoit peu de jours que j'étois arrivé à Londres lors que j'allay me promener à Saint James-Park; je trouvai un si grand monde dans le Mail, que pour être plus en liberté de rêver, je me retiray vers la Menagerie, il y a proche de ce lieu des Allées de grands arbres fort couverts. Je m'assis sur l'herbe & il y avoit peu que j'y étois, lors que j'entendis la voix de deux personnes qui disputoient, cela m'obligea de ne point faire de bruit; il me sembloit même que le son ne m'en étoit pas inconnu : mais je ne les pouvois voir ; parce qu'elles étoient tout-à-fait cachées d'une petite eminence qui s'éléve en cet endroit. Je m'en approchai doucement, & j'entendis que celle qui avoit déja parlé, continuoit ainsi. *Je suis bien plus malheureuse qu'une autre, puis que je souffre dans l'Himen tout ce qui peut chagriner, sans en goûter au-*

cune

cuns desplaisirs, vous êtes jaloux jusqu'à la folie, & vous n'êtes point amoureux, vous me grondez toûjours, & vos gronderies ne sont jamais suivies de caresses. Vous avez la froideur de ceux qui naissent dans les pays glassez, & la colere de ceux que le Soleil brûle. Je vous avoüe que je ne saurois plus suporter une humeur si opposée à la mienne ou devenez plus sossiable ou consentez que je vous aime un peu moins. Ha! Madame, s'écria celui à qui elle parloit, vous n'avez pas attendu mon consentement pour prendre ce party, vous m'apélez jaloux, & cependant vous dittes que je ne vous aime point, il est rare d'avoir de l'amour sans jalousie: mais il est impossible d'avoir de la jalousie sans amour; vous me reprochez mes chagrins, & bon Dieu, puis-je me dispenser d'en avoir quand je connois si parfaitement vôtre indiference? non,

N 3 Ma-

Madame, ne vous étudiez plus à me flatter, vous avez changé, & il seroit inutile que j'essayasse de prendre une autre conduite, car asseurement, j'auray toûjours tort, il est vray que vous cherchez des pretextes specieux pour me le donner; mais je vous l'ay toûjours dit Jupiter n'est point duppe, & je vois beaucoup plus clair que vous ne voudriez, & je pense beaucoup plus que je ne le voudrois moy-même, enfin interrompit cette femme, il faut que je n'aye pas raison de me plaindre, parce que tel est vôtre bon plaisir; mais si de ces griefs generaux, vous vouliez vous donner la peine de passer à quelques uns plus particuliers, si vous pouviez me dire pourquoi j'ay changé à vôtre égard, & en faveur de qui, je passerois aussitôt condemnation: mais que sur une chimere vous preniez des authorités pour me faire enrager, pour être

être bourû & jaloux franchement, Monsieur, je ne suis pas disposée de m'en accommoder, vous voulez toûjours reprit-il me faire entendre que vous changerez, & vous m'y préparés de longue main afin que je crie moins haut, & qu'il semble que ce soit ma faute, de n'avoir pas pris des mesures pour vous en empêcher: Madame, parlons de bonne foy, un Epoux malheureux vous fatigue, & . . . . . il fut empêché de continuer son discours, parce qu'ils virent venir à eux le Duc de Bouquingham qui les ayant apperçûs se hâtoit de les joindre, voilà dit ce Cavalier, le maudit homme, qui est devenu l'ombre de nos pas, si nous ne l'évitons promtement, il va vous aborder, & vous savez assez mon antipatie pour lui ; trouvez vous bien extraordinaire, répondit cette Dame, que le Duc me cherche ; ne vous ai-je pas dit, que je l'ai vû souvent pendant qu'il étoit en France, & quoy que je sois si bien déguisée, qu'il ne puisse dire positivement que c'est moi, pensez vous que mon idée ne luy revienne pas assez pour s'étonner de voir ici Mademoiselle de Saint Brisson. A ce nom je l'a reconnus, & je vous avouë que je restay étrangement surpris, voulant donc m'éclaircir là dessus, je m'avançai avec diligence, mais j'eus à peine jetté les yeux sur cette femme, que je ne douray, plus, que ce ne fût Mademoiselle de Saint Brisson, c'est une tres belle personne & sans comter que tous ses traits sont reguliers, sa taille haute, son Embon point heureusement ménagé, il est encore vray, que toutes les actions sont accompagnées d'une grace si naturelle qu'il est impossible de la voir sans plaisir ; Comme elle se levoit pour s'en aller, je l'arrêtay & je luy dis, ce que

que je fais, ne vous semblera peut-être guere civil, mais Madame il est impossible de vous voir sans curiosité; & comme vous me paroissez étrangere en ce pays icy, agréez que je vous offre mes services. Celuy avec qui elle étoit, ne luy donna pas le tems de me repondre, & prenant la parole Monsieur, me dit-il, ma sœur & moy sommes en effet étrangers & nous recevons avec une sensible reconnoissance l'offre genereux que vous nous faites: mais nous devons faire si peu de séjour à Londre, que nous n'aurons pas lieu de profiter de cette grace. Pendant qu'il me parloit, je le regardois avec attention, & tout d'un coup, me remettant son idée, & son nom, quoy c'est vous Comte de Montbasile, m'écrie-je, le plus cher de mes amis? Et vous pensez me derober le plaisir de vous servir l'un & l'autre? Car ne vous y trom-

trompez pas continuay-je (en m'adreſſant à Mademoiſelle de Saint Briſſon) ny le tems que j'ay paſſé ſans vous voir, ny cet habit qui vous convient ſi peu ne ſauroient vous effaſſer de mon ſouvenir; helas! me dit elle, je me trouve à preſant bien plus heureuſe que je ne penſois l'être, il me ſembloit que je ne pouvois avoir en ce pays icy que des ſujets de douleur: mais un rencontre ſi favorable, commence à me perſuader le contraire, pour moy, interrompit le Comte de Monbaſile, je ne ſaurois vous faire entendre juſqu'où va ma joye pour le plaiſir de vous revoir, & je vous avoüe, que je n'aurois ôſé me flatter, qu'aprés cinq années d'abſence, vous m'euſſiez reconnû; vous avez un mérite ſi peu commun, lui dis-je, que les impreſſions ne s'en effaſſent jamais: Cependant je ne veux pas vous arrêter davantage.

tage. Je fay que vous fouhaitez d'éviter le Duc de Buquingham, & il eft déja fi proche de nous, que je ne vous aurois pas retenus, fans que je vais lui parparler, & vous donner lieu par ce moyen de vous éloigner de luy: mais de grace fouffrez que je vous demande encore, où je pourray vous retrouver. Elle me dit qu'elle demeuroit chez le Comte de Preting Ambaffadeur de Savoye, & crainte que je l'oubliaffe elle me l'écrivit promtement fur fes tablettes, elle me dit en me les donnant qu'elle efperoit bien m'entretenir, & qu'elle s'en promettoit une grande fatisfaction; je l'ai quitté, pour m'avancer vers le Duc, & je penfe que je ne pouvois guere luy rendre un plus mechant office, que de l'empêcher de parler à cette belle perfonne: nôtre converfation ne fut pas longue, & nous étant feparez civilement, je voulus aller

ler chercher Mademoiselle de Saint Brisson. Je pris les tablettes qu'elle m'avoit laissées pour trouver son logis, & en les ououvrant. Je lûs ces vers sur la premiere feuille.

Quand deux cœurs sont unis d'amour
Que leur liens sont doux, & de longue durée,
Les sensibles plaisirs, qu'ils goûtent tour à tour,
Leur font trouver, tout le tems d'une année
Bien plus court, que celuy d'un jour.

Il y avoit au dessous, ces mots qui paroissoient écrits d'une autre main.

Ce bien heureux tems n'est plus fait pour moy, cruelle, vous avez rompû ces liens, qui devoient être d'éternelle durée & tous les jours me sont également infortunez depuis vôtre changement.

Il ne me fut pas malaifé, de juger que les vers étoient de Mademoifelle de Saint Briffon, & que le Comte de Monbafile avoit écrit la profe, dans fes moments de jaloufie. Je fçavois que c'étoit affez fon caractére, & tous les Italiens en font logés là: pendant que je l'avois pratiqué à Turin, je luy avois vû des foupçons continüels contre une fort belle fille, de qui il étoit éperdüement amoureux, fans ce défaut auffi, il auroit été trop aimable, car je ne connois point d'homme mieux fait, & dont l'efprit foit plus infinüant. Je me rendis chez Mademoifelle de Saint Briffon, & j'en fûs reçû avec de grands témoignages de joye, auffi bien que du Comte de Monbafile, accordez moy le plaifir, leur dis-je, de me regarder comme le meilleur de vos amis, banniffez de nôtre Société la contrainte, &

faites un fond assuré sur tout ce que je peus pour vôtre service: le hazard a permis que je vous ay rencontré, & depuis bien du tems, je ne me suis trouvé sensible qu'à ce bonheur; je sçay déja une des choses la plus essentielle de vôtre fortune. Je veux dire que vous êtes mariez. Hé bon Dieu! s'écria le Comte, comment est-il possible, que vous sachiez tant de nos nouvelles, nous les avons tenües si secrettes, que je ne comprens point qui vous en a instruit, ne vous en inquietez pas, luy dis-je, c'est de vous-même que je l'ay appris, lors que vous parliez ensembles à Saint James-park, je vous écoutois, & quoy, que je dûsse me reprocher cette indiscretion, puis qu'elle vous cause un sujet de peine. Je ne m'en saurois repentir, parce que sans cela, je ne vous aurois point vûs. Rendez nous plus de justice, interrompit Madame

dame de Monbasile, (c'est ainsi que je la dois nommer,) & soyez persuadé, que vous auriez été informé, par nous-mêmes, de ce que vous avez appris, d'une autre maniere; si vous êtes assez bonne, luy dis-je, pour vouloir confirmer ce que vous me dites, Je vous demande, Madame, d'avoir la complaisance de me raconter, ce qui vous a unis, vous qui étiez destinée, à ce que Monsieur vôtre frere m'a confié autre fois, au Comte de Revel, pourquoi donc cette affaire c'est elle rompüe? les questions que vous me faites, reprit-elle, ont quelque chose de si obligeant, que si vous le voulez dès ce soir je satisfairai vôtre curiosité; je l'en priai encore trés instamment, & comme elle étoit sur le point de commencer, le Comte me dit qu'il alloit prendre ce moment, pour donner ordre à quelques affaires, & qu'il ne tarderoit point à à revenir; aussi-tôt qu'il fut sorty, la jeune Comtesse commença ainsi. Bien des raisons m'engagent de croire, que la destinée force souvent nôtre libre arbitre, sans vouloir trop vous arrêter dans un recit où je crains de vous ennüier, je me trouve cependant obligée de vous dire, qu'étant allée un jour au Bois de Boulogne, avec plusieurs Dames, on nous servit la Colation, & sans que je m'en aperçusse je perdis mon Portrait que j'avois au bras, lors que je fus de retour chez la Gouvernante de Boulongne où nous devions souper. Je cherchay mon Portrait pour le regarder, je ne l'avois que depuis quelques jours, & comme il me plaisoit extrêmement, je demeuray dans le dernier chagrin de ne le point trouver, je ne voulus pas m'en retourner à Paris, esperant que je trouverois (peut-être dans le bois ce petit portrait,

cette

cette raison, m'obligea de me hâter d'y aller, avec Mademoiselle de la Force, qui étoit de la partie, en traversant la grande route, nous vîmes une Caleche à six Chevaux, extrémement jolie, qui étoit arrêtée, & plusieurs personnes de livrées, qui sembloient attendre quelqu'un en ce lieu; mais nous n'eûmes guere fait de chemin, que nous en apperçeûmes le maître, il étoit nonchalamment couché sur l'herbe, & paroissoit endormi, je sentis alors une secrette émotion dont je ne connus point la source, aprés avoir prié ma compagne de ne point faire de bruit, nous nous avançames doucement vers luy, sa tête étoit appuyée sur la racine d'un arbre, & il tenoit mon portrait dans sa main. Je vous avoüe que je restai ravie, interdire, & presque hors de moy, a la vüe du Comte de Revel, c'étoit luy, & je ne ne l'avois jamais vû sans beaucoup de trouble, mais trouvant l'occasion de ravoir mon portrait je ne voulois pas la perdre, & mettant un genoüil en terre, plûtoft pour rendre hommage à mon Vainqueur, que pour reprendre ce qu'il avoit à moy, je portay ma main tremblante sur la sienne, & je ne pûs m'empêcher de soulager par quelque soupirs, le feu qui me consommoit déja, mais que devins-je ? en croyant le toucher, de sentir une glasse qui se glissant sous ma main, me laissa voir que j'avois pris une couleuvre, helas ! dis-je à moy-même, le Serpent est ici caché sous les fleurs ; Mademoiselle de la Force & moy fîmes un grand cris, & fuyant chacune de nôtre côté, nous nous separâmes, mais le bruit que nous avions fait, reveilla le Comte, & comme mon Idée étoit encore vivement dans la sienne, il me reconnût, & me me suivit ; il me joignit sans peine, car j'en avois une bien plus grande de m'éloigner du lieu où je le laissois, que je n'avois de peur de la Couleuvre. Arrêtez un moment charmante personne, me cria-t-il, est-ce pour m'avoir rencontré que vous fuyez avec tant de diligence ? & suis-je assez infortuné pour vous alarmer ? non luy dis-je, d'un air obligeant, ce n'est point vous que je veux éviter, j'ay même sujet de vous parler, quel qu'il puisse être, reprit-il, je me tiens heureux, que vous me fassiez cet honneur, commandez donc, Mademoiselle, & vous serez assurement obéïe ; helas ! que n'aurois-je pas eu à luy dire ? mais faisant un effort sur moy-même, & ayant honte de ce qui se passoit dans mon ame, je le regarday avec quelque dépit, en luy disant, qui vous a donné la liberté de garder mon Portrait,

pen-

pensez-vous que je le trouve bon? & que je m'arrête ici pour autre chose que pour le ravoir? C'est, me dit-il, un effet de mon bonheur que je vous suplie de ne me point envier, je me promenois dans la grande allée lors que j'ay trouvé ce tresor; je n'ay jamais ressenti une joye si sensible, & dussiez vous me haïr, ce qui seroit pour moy le plus cruel de tous les maux. Je vous l'avoüe, rien au monde ne m'est si cher que vous, j'ay essayé de vous fuir. Je vous ay regardé comme l'écueil de ma liberté. Je vous crains & je vous évitte malgré toutes mes precautions, je vous retrouve, Mademoiselle, j'ay perdu ma liberté, je ne sçaurois plus vous craindre, & dûsse-je vous déplaire, il faut que vous sachiez mon ardeur. Vous cherchez repliquay-je, en rougissant, l'excuse d'une faute dans un autre encore plus grande, je ne suis pas

pas accoûtumée à des conversations si peu respectueuses, & encore moins à y repondre ; je veux mon Portrait, tout à l'heure, c'est tout ce que je dois vous dire ; ha ! dites-plûtôt, interrompit-il, (d'un air affligé) que vous voulez ma mort. Comme il achevoit ces mots, Mademoiselle de la Force me joignit, & reconnoissant le Comte de Revel duquel elle étoit fort amie, elle l'aborda d'une maniere enjoüée, & luy dit, quoy Monsieur le Comte, quand vous venez dormir à Boulogne, vous vous y faites garder à vûe par des Serpents, comme l'étoit autrefois la toison d'or, je ne comprens pas encore le sens de ce que vous me voulez dire, reprit-il : mais s'il étoit vrai que je fusse la toison d'or, & que vôtre aimable parente en voulût faire la conqueste, elle ne luy couteroit guère de peine, vous êtes fort galant, dit

Made-

Mademoiselle de la Force, & je ne suis pas faché, que vous sassiez voir icy ce que vous sçavez dire, car vous ne pouvez parler devant Personne, qui donne à toute choses un plus juste prix que Mademoiselle de Saint Brisson; J'allois lui répondre, mais elle ne m'en donna pas le tems, & elle me dit: ce Cavalier est de mes amis, trouvez bon, ma chere Cousine, que je vous le presente, & qu'il entre aujourdhui dans le nombre de vos amis; quoy que je n'accorde que rarement ce titre, luy dis-je, l'estime que vous avez pour lui, sufit pour lui meriter la mienne; il me remercia avec beaucoup de grace & d'esprit, il étoit tard, nous nous retirâmes, il ne me rendit point mon Portrait, & je n'ûs pas la force de le lui demander d'avantage. Je dois vous dire que le Comte de Revel est Cadet du Comte de Broglio, ils sont Origiginaires de Piémont ; il avoit deux sœurs plus agreables que belles, & deux autres freres dont l'un est Chevalier, & l'autre Abé. Cette Maison est riche, leur Mere est demeurée Veuve assé jeune, & leur Pere étoit Gouverneur de la Bassée. Le soir en parlant du Comte de Revel, à Mademoiselle de Force, je sçû avec assez d'adresse qu'il n'avoit point jusqu'à alors marqué d'attachement particulier pour aucune fille de la Cour, j'en eu une secrete satisfaction, & je restay ensevelie dans mille pensées differentes ; je me reprochois quelquefois la fierté que je lui avois temoignée ; je me voulois mal de l'inclination que j'avois pour lui. Je me proposois de lui ôter mon cœur. Un moment aprés je confirmois le don que je lui en avois fait, & l'on ne sauroit être plus combatuë d'irresolutions, que je la fus toute te la nuit, & les jours suivants, au milieu de toutes ces cogitations je sentis que j'avois besoin d'une Confidente, & comme Mademoiselle de la Force étoit amie du Comte de Revel, & ma Parante, je me lié d'une amitié encore plus étroite avec elle. Un jour que je l'étois allée voir, nous passâme dans le Jardin, & elle me conduisit sous un Cabinet de Jasmins, vous ne savez peut-être pas, me dit-elle, pourquoy je vous ameine en ce lieu, c'est pour vous demander raison, du mal que vous faites au Comte de Revel, il est le plus cher de mes amis, & je sçai qu'il n'a reçû que des mépris, & des rigueurs de vous, & que recevroit-il de vous, lui dis-je, en riant, si vous étiés en ma place ? vous a-t-il dit, comme quoy il a gardé mon Portrait pour se payer de l'avoir retrouvé ? n'est-ce pas un témoignage qu'il me croit capable

pable d'ingratitude ! puis qu'il a pris une plus grande récompence que ses services ne meritoient. Je me sers de vos mêmes termes, me dit-elle, pour vous demander à mon tour ce que vous auriez fait, si vous aviez été en sa place? vouliez vous qu'insensible à vos charmes, il eût negligé de profiter d'un bien que la fortune & l'amour sembloient lui offrir ? je vous ay embarassée par ma question, lui dis-je, & vous n'y avez point repondu, vous m'embarassez à present par la vôtre, trouvez bon que je n'y reponde pas, vous en êtes la maitresse me dit-elle ; mais vous ne sçauriez me faire un plus grand plaisir que de m'expliquer vos sentimens en faveur du Comte, ses manieres vous choquérent-elles ; sa hardiesse vous a-t-elle déplû, le blâmez vous de vous aimer? & ne pourra t'il point obtenir un moment, pour vous entretenir? vous êtes

êtes bien pressante, lui dis-je, & je ne sçai si je dois vous parler de bonne foi, sur tout ce que je pense, si je vous trouvois moins aimable, je serois ravie de vous dire ce que je sens: mais n'est-il pas vrai, ma chere Cousine, que vous êtes trés dangereuse ? hé bon Dieu, que craignez vous reprit-elle, en m'embrassant ! si j'avois quelques pretentions sur le cœur du Comte, serois-je assez innocente, pour travailler à les détruire en travaillant à le mettre bien auprés de vous, non, ma chere, continua-t-elle, n'ayez aucune défiance de moy, restez d'accord qu'il est bien fait, qu'il ne vous déplaît pas, que ses services pourront un jour vous toucher, consentez que je lui en donne l'heureuse nouvelle, & je vous assure que j'en seray ravie; pour cette nouvelle dis-je, en l'interrompant, ne lui donnez jamais de ma part, j'aimerois mieux mourir

sir; hé quoy, dit-elle, voulez vous qu'il vous serve toûjours sans espoir? que trouvez vous qui vous offence dans sa passion? n'a-t-il pas du merite, de la naissance, du respect, & enfin de l'amour pour vous le plus tendre & le plus delicat? au lieu de répondre; à ce qu'elle disoit, je me levay pour sortir du Cabinet, en chantant ces paroles de l'Opera:

Et qui me répondra qu'il m'aime.

Le Comte étoit caché entre des arbres, & nous écoutoit, il en sortit alors, & se jettant à mes genoux, ce sera mon cœur s'écria-t-il, charmante personne, qui vous répondra d'une ardeur eternelle, si vous approuvez sa respectueuse passion; j'étois dans un si agreable trouble, que je ne pouvois à quoy me resoudre, ny que lui répondre; il me sembloit qu'il falloit me fâcher; être fiere,

fiere, gronder mais si mon devoir me dictoit cette metode, ma tendresse m'en enseignoit un autre; j'aimois déja, & je croyois être aimée; se sont de puissants motifs, pour s'appaiser aisément : Mademoiselle de la Force. joignit ses raisons à Celles du Comte, il me pressoit de luy permettre de m'aimer, & de me le dire, je permis l'un & l'autre, & je pense que s'il n'avoit pas été plus discret que moi, j'aurois encore permis d'avantage. Chaque jour Mademoiselle de la Force, chargée d'une de ses lettres, en venoit prendre une autre de moy, pour luy, elle le fit connoître à ma mere; Il en fut reçeu avec tous les égards qu'il s'en devoit promettre, & nôtre attachement ne trouvant point d'obstacles, augmentoit de moment à autre; mon Frere que j'aime beaucoup, vit dans le même tems, Mademoiselle
de

de Broglio, elle luy plut, & el-
n'étoit pas insensible à ses feux;
je ne sçay de quelle maniere elle
y repondoit, lorsque sa Mere la
trouva avec luy, & l'obligea de
ne le plus voir; mon Frere en
eût une si veritable douleur,
qu'il en tomba dangereusement
malade, & comme j'étois un
jour auprés de luy, & que je
luy parlois de mon inquiétude
pour l'état où je le voyois; si
vous sçaviez ma Sœur, me dit-il,
la cause de mon déplaisir, vous
l'approuveriez sans doute; &
bon Dieu, luy dis-je, mon Frere, apprenez m'en le sujet, car
personne au monde, ne si peut
interresser plus que moy, & pensez vous enfin qu'il suffise de me
parler de vôtre peine en general,
& que je vous laisse perseverer
dans un silence, qui peut-être
vous tüe; helas! que vous di-
ray-je, ma chere Sœur, réprit-
il, ou plutôt que n'aurois-je pas

à vous dire. J'aime éperdûement Mademoiselle de Broglio, elle avoit pour moy mille bontez; heureux & contant, je la voyois répondre à ma tendresse, lorsqu'on a deffendu de me voir. Voilà ce qui me deſeſpere, & avec Juſtice, je me regarde à preſent comme le plus malheureux de tous les hommes, puis que vous étes aimé, luy dis-je, qu'eſt ce qui vous afflige? quand deux cœurs ſont d'intelligence, croyez moy, mon Frere, tous les Argus du monde y perdent leur ſoins. Ha! ma Sœur, me dit-il, vous ne ſavez pas que ma Maitreſſe eſt gardée par un Dragon, qui ne la pert pas de vûë, non, je ne m'en flatte point, s'écria-t-il, après avoir rêvé quelque tems, je ne la verray plus. Cependant j'étois ravie de ſavoir qu'il aimoit la Sœur de mon Amant, il me ſembloit que le rencontre me promettoit d'heu-
reuſes

reuses suittes; & prenant sa main, je luy dis, esperez, mon Frere, esperez, l'amour a toûjours des protecteurs, vous m'avez caché vôtre passion, je meritois plus de part dans vôtre confiance; mais pour vous engager d'en avoir d'avantage à l'avenir, je vous promets de vous servir utilement, & de vous donner dans peu d'agreable nouvelles, je le quittay aussitôt, & je manday à Mademoiselle de la Forêt, que je la priois de faire trouver chez elle le Comte de Revel, je m'y rendis à l'heure que je luy avois marquée; & après luy avoir dit le triste état où mon Frere étoit reduit, je le conjuray de travailler en sa faveur, s'il vouloit que je continuasse d'écouter mon inclination pour luy; que ne vous sacrifieroit-je pas, me dit-il, ordonnez tout ce qu'il vous plaît que fasse ma sœur, & vous serez obeïe. Ce n'est pas d'elle en ce rencontre, luy dis-je, que dépend la felicité de mon Frere, sa bonté seconde ses desirs: mais il faut que vous trouviez les moyens qu'il la voye. Je m'y engage avec plaisir, reprit le Comte, donnez luy en parole, ma chere Maitresse, & j'en resteray vôtre caution; je le remerciay tendrement, du bon office qu'il vouloit bien luy rendre; je couru luy dire cette agreable nouvelle, & elle fit sur luy une espece de miracle, car encore qu'il fût tres malade, il ne laissa pas au bout de quelques jours, de pouvoir sortir; il écrivit un billet à Mademoiselle de Broglio, j'en chargay le Comte de Revel, qui fournit à mon Frere les moyens de voir sa Sœur. Un jour qu'ils étoient ensembles avec le Comte de Revel, quoi que je n'y peusse être, ils se donnerent une mutüelle parole de nous épouser, le Comte me l'écrivit en des termes

si

si amoureux & si delicats, que j'admiray également sa tendresse & son esprit; j'y fis une reponce telle que la pouvoit dicter un cœur touché, comme étoit le mien, & à la priere de mon Frere, je fus voir Mademoiselle de Broglio, & nous nous liâmes d'une étroite amitié; cependant le Comte de Revel, continuoit de m'aimer d'une ardeur si égale, que je ne pouvois cesser de m'en loüer; l'accomplissement de nos desirs étoit retardé par deux raisons, l'une étoit que le Comte avoit sa Mere, qui le destinoit depuis long-tems à un autre Himen, & l'autre que la grande jeunesse de mon Frere l'obligeoit d'attendre qu'il eût l'âge necessaire pour ne dependre que de luy, & il ne vouloit pas consentir que ma fortune fût plûtôt établie que la sienne. il y avoit quelque chose à cela de bien bizare: mais je ne m'arrêtois point à le contester, parce que je sçavois que le Comte ne pouvoit encore m'épouser. Mademoiselle de la Force continuoit de me servir comme la meilleure amie du monde, je prenois en elle une confience entiere, & mon plaisir d'être aimée augmentoit, quand je luy en faisois part, qu'il est doux, luy dis je, un jour, d'avoir un Amant soûmis, tendre, aimable & constant ; de quelle maniere puis-je, ma chere Cousine, m'acquiter de ce que je vous dois ? Car enfin, c'est de vous que je tiens le mien, vous m'avez confirmé le penchant que j'avois pour luy, vous avez secondé ses feux, & vous m'avez rendu des services qui meritent une reconnoissance éternelle. Je suis contante de tout ce que j'ay fait pour vous, me dit elle : mais je ne me lasse point d'admirer la fatalité de ma destinée, & le bon heur de la vôtre

vôtre; je n'ai aucun Amant fidelle, & il semble que l'Etoile qui les touche en vôtre faveur est toûjours errante, pendant que la vôtre fixe & fortunée vous laisse joüir en repos sans soin & sans inquiétude du cœur que vous avez charmé. Me portez vous envie, luy dis-je, en riant; vous en avez cent, & je n'en ay qu'un ha! s'écria-t-elle, sans faire reflexion qu'elle parloit à moy, je donnerois volontiers les cent pour le vôtre. Que devins-je à ces mots, je sentis la froide jalousie se glisser dans mon sein, je fremis, je changay de couleur, & comme elle en avoit beaucoup plus dit qu'il ne falloit, & qu'elle n'auroit même voulu, elle en parut déconcertée, mais comme elle a infiniment d'esprit, & sur tout, beaucoup plus que moy, elle ne fut pas long-tems à se remettre, & elle raccommoda si bien la faute qu'elle venoit de fai-

O 6 re

re, que je ceſſay de m'allarmer. Quelques années s'étoient paſſées de cette maniere lors que la Mere de Mademoiſelle de Broglio la Marya à un homme fort âgé, ny la repugnance qu'elle y avoit, ny les obſtacles que ſon Frere tâcha d'y faire naître, ny le deſeſpoir du Marquis de Saint Briſſon, ny mes allarmes particulieres (car helas! je prevoyois ce qui eſt arrivé) tout cela, dis-je, ne peut empêcher la concluſion de cette affaire. Lors que je vis le Comte de Revel, que n'ay-je pas à craindre, l'y dis-je, voilà vôtre Sœur entre les bras d'un autre, que ſçay-je ſi mon Frere ne voudra point que je ſois la premiere victime de ſa vengeance, il ſemble qu'il n'eſt plus dans l'obligation de me donner à vous, puis que vous luy avez manqué de parole. Il ſeroit bien injuſte, dit-il, de me punir d'une choſe qui n'a point

de-

dependu de moy ; je n'ay rien à me reprocher dans cette affaire, & vous sçavez que je n'en étois pas absolument le maître, s'il a lieu de se plaindre, c'est de ma Sœur, pourquoy a-t-elle consenti à ce mariage ; mais continua-t-il, mon aimable Maitresse, si vous étes toujours dans mes interêts qu'ay-je à craindre du ressentiment de vôtre Frere ? Et lors que je seray à moy, & que vous voudrez bien que je m'attache à vous d'un lien Eternel, qu'y pourra nous en empêcher ? personne au monde, m'écrié-je, si vous continüez de m'aimer : mais aussi m'aimerez vous toûjours ? Et le tems ce crüel destructeur de la nature ne détruira-t-il point vôtre amour ? il m'interrompit à ces mots, & par mille sermens il rassura ma tendresse alarmée ; ainsi nous continüyons de nous voir & de nous aimer. Lors qu'un soir mon Frere entra dans mon

mon Cabinet, ma patience est à bout me dit-il, le Comte de Revel n'est pas content d'avoir donné les mains au mariage de sa Sœur, & de m'avoir manqué de parole, il veut encore s'opposer aux bontez qu'elle a pour moy, il l'a persecuté pour qu'elle cesse de me voir, je ressens les mauvais Offices qu'il me rend d'une maniere à ne luy pardonner de ma vie, & je vous déclare, que vous pouvez jetter les yeux sur tout autre que sur luy, pour être vôtre mary, je vous avertis encore de ne pas continüer de le voir, car je ferois là dessus des extravagances qui pourroient vous causer beaucoup de déplaisir. J'auray déja un bien sensible, luy dis-je, de vous connoître des sentimens si opposez à ceux que vous aviez autrefois, & que vous m'avez fait prendre pour le Comte; je suis trop prudente pour vous engager l'un &
l'autre

l'autre dans des procedez, dont l'évenement quelqu'il pût être me coûteroit toujours des larmes; soyez sur que je ne le verray plus, & laissez moy, de grace, en liberté de plaindre mes malheurs; il ne me repondit rien, & se retira aussitôt, j'envoyai prier Mademoiselle de la Force de venir chez moy, elle si rendit avec diligence, & resta surprise de l'état où j'étois; je suis accablée de douleur, luy dis-je, ce tems fortuné & tranquille est passé, pour moy, le Comte de Revel, plus severe qu'il ne devroit l'être, se mêle des affaires de sa Sœur, il n'en faut pas d'avantage, & il en faudroit même beaucoup moins, avec les sujets de plaintes que mon Frere a déja contre luy, pour l'irriter au dernier point; il l'est aussi infinement, & vient de me dire, que si je continüe de le voir, je dois tout apprehender de sa fureur. O Dieu! con-

continué-je, fondant en larmes, dans quelles extrêmitez suis-je reduite, & quel parti puis-je prendre en un rencontre si douloureux ! Je connois que mon Frere est brave & violent, le Comte ne l'est pas moins les exposeray-je l'un & l'autre à ce couper la gorge à mes yeux ! que n'aurois-je point à craindre alors du ressentiment de ma Mere, elle, qui jusques icy ignore ce qui se passe, & que je vous laisse chaque jour occupée du soin de me trouver un heureux établissement. Je vous plains beaucoup plus que je ne sçay vous le dire, interrompit Mademoiselle de la Force, & je voudrois pour toutes choses pouvoir vous soulager dans la peine où vous êtes : mais si vous voulez suivre mon avis, il me semble que vous ferez trés bien, d'empêcher pour quelque tems que le Comte ne vous voye, sur tout qu'il ne sache pas que c'est

par

par les soins de vôtre Frere; car trés assurement il en arriveroit encore pis, feignez quelque chagrin contre luy, grondez le mal-à-propos, & luy deffendez de vous parler d'avantage; considerez vous, luy dis-je, que ce procédé est tout propre à me le faire perdre, il sera surpris de me trouver capricieuse, moy, qui jusqu'à present luy ay témoigné une amitié toûjours égale, & peut-être il donnera de méchantes explications à une conduite si nouvelle; c'est ce qu'il ne faut point craindre, dit-elle, il sait trop que vous luy voulez du bien, & puis lors qu'il en sera tems ne luy apprendrez vous pas que ce que vous avez fait n'a été que par complaisance pour vôtre Frere, le plaisir de vous retrouver la même, vous le rendra plus soûmis, & plus amoureux, que jamais. Ce que vous dites, repris-je, me paroît assez vray-semblable,

ble, une passion si tranquile tombe enfin dans l'indolence, & il m'aimera, je pense, avec plus d'ardeur, quand il aura été un peu allarmé: mais comme je veux paroître fâchée en le voyant, il vaut mieux que je luy écrive, je me chargerai, dit-elle, du billet avec joye, je luy persuaderai tout ce qu'il faut qu'il croye, écrivez seulement, & me laissez faire le reste; voici ce que je luy mande:

J'ay des raisons pour ne vous plus voir, vous m'obligerez de ne point chercher à les pénétrer, & d'éviter les occasions de me parler n'essayez pas à vous justifier, car je ne vous accuse de rien.

Il ne se peut pas un billet mieux tourné, me dit Mademoiselle de la Force, en m'embrassant, je vais l'envoyer querir & luy rendre de vôtre part, elle me

me quitta ainsi, & je restai très
satisfaite du bel expedient que
nous avions trouvé, j'attendis
impatiemment de savoir le succez qu'il auroit eû: Mademoiselle
de la Force, m'en vint rendre
compte le lendemain, elle me dit,
que Revel en avoit été frapé
comme d'un coup de foudre, qu'il
se desesperoit, & qu'on ne pouvoit trouver une meilleure pierre
de touche pour éprouver sa passion; beaucoup de tems se passa
de cette maniere, je me faisois
une si extreme violence de ne le
point voir, que je perdis enfin
tout mon repos, & je resolus de
luy parler malgré toutes sortes de
considerations & de menasses;
j'allay donc un soir chez Mademoiselle de la Force, pour le luy
dire, j'entrai sans bruit dans la
Chambre, & je m'arrêtay à la
porte de son Cabinet, parce que
j'entendis qu'il y avoit quelqu'un
avec elle. je reconnus aussitôt
que

que c'étoit le Comte de Revel, cela m'obligea d'écouter avec attention, & voicy ce qu'il luy disoit :

La generosité que vous avez euë, de me servir prés de Mademoiselle de Saint Brisson dans un tems où vous aviez déja quelque penchant pour moy, merite que j'en aye une reconnoissance éternelle pour vous; mais cependant j'ay lieu de me plaindre, & puis que vous aviez des dispositions si obligeantes en ma faveur, pourquoi ne me les faisiez vous point connoître? pensez vous que je me fusse attaché à un autre? si j'eusse pû me flatter, de la possession de vôtre cœur, & l'amour m'au- roit-il rendu assez aveugle pour m'empêcher de preferer vôtre me- rite au sien: j'aurois plûtôt choisi de mourir, luy dit elle, que de vous déclarer des sentiments qui ont toûjours propres à faire rou- gir: mais à présent que vôtre maî-
tress

tresse vous abandonne par une pure
légéreté, & que vôtre cœur est assez libre pour prendre de nouvelles
impressions, je vous avoüe que
j'aurois un sensible regret de la
voir tomber en d'autres mains que
les miennes, aimons nous donc, ma
chere, continua-t-il; en se mettant à ses pieds, ne parlons jamais
que des plaisirs d'une sensible tendresse, oubliez pour toûjours la
faute que j'ay commise, de brûler
d'autres feux que des vôtres. Et
j'oubliray aussi pour toûjours l'indigne autel, où j'ay sacrifié.

Je ne suis pas naturellement
emportée; mais je me trouvai
dans ce mom en transport de rage, &
si peu de raison, que j'entrai, en
disant, ha! trop infidelle amie,
il faut que je me vange & que tu
meure entre mes mains, je me
jettai aussitôt sur elle, & je pense que je l'eusse étranglée dans
ce moment, si le Comte n'eut employé

ployé toute sa force pour la garantir, le bruit que nous fîmes ayant attiré bien du monde dans le Cabinet, je me trouvai si honteuse du desordre où j'étois que j'en sortis, & desesperée de la trahison qui venoit de m'être faite. J'allai sur le Champ aux Carmelites, où j'entrai par le moyen de Madame de Belfond qui en étoit Superieure, & de laquelle je suis proche parente, je me voulois faire Religieuse, je ne l'écrivis qu'à ma Mere & à mon Frere, qui en resterent également surpris & affligez, ils me vinrent trouver & ils employerent tout ce que la tendresse, la douceur, & les menasses peuvent avoir de plus fort, pour me persuader de revenir avec eux, mais rien ne sût vaincre mon obstination, enfin ma Mere accablée de douleur tomba dangereusement malade, & m'envoya dire que pour la derniere fois je la vinsse voir, je ne fus

fus plus maîtresse alors de mes premières resolutions, je courû chez elle, je me jettai à ses pieds, je moüillé mille fois son visage de mes larmes, je luy promis de n'avoir plus d'autre volonté que la sienne: mais helas! il étoit trop tard, elle me dis qu'elle me pardonnoit sa mort, quoy que j'en fusse la seule cause, & mourut peu aprés entre mes bras; penetrée de la plus vive douleur, je me preparois de retourner dans ma retraite, lors qu'un jour je vis entrer dans ma chambre le Comte de Revel, il se jetta à mes pieds, & après être demeuré assez long-tems sans me parler, je vous l'avoüé, dit-il, je suis coupable Mademoiselle, je suis indigne de vivre après la faute que j'ay commise: mais regardez de grace que ce n'a été que par un effet de jalousie, que Mademoiselle de la Force, que je croyois sincere, ma joüé le tour
du

du monde le plus sanglant, elle me rendit vôtre cruel billet, supposa que vous étiez aimée & que vous aimiez, imita vôtre caractére, me montra des Lettres que vous écriviez à un autre, remplies de mille tendresses; & enfin elle me persuada que pour vous oublier & me vanger, il me falloit mettre une nouvelle passion dans le cœur, elle s'offrit d'y travailler. que voulez vous Mademoiselle? le depit, l'occasion, ma rage, mon malheur, tout contribua à me rendre criminel; mais si le plus veritable repentir qui sera jamais, si le plus sincere retour, que dis-je retour, si n'avoir point cessé de vous adorer, si vous preferer à tout peut suffire pour vous engager à me pardonner, de grace, ayez pitié d'un homme qui n'a manqué, parce qu'il vous aime. Pendant qu'il parloit mille sentiments confus me combattoient

tour

tour à tour, la haine, la pitié, l'amour, le depit agitoient également mon âme, je me trouvois encore de tendre dispositions à luy pardonner & à l'aimer, autant que ma propre vie: mais la honte & la colere m'obligerent de les étoufer & après m'être remise du trouble où j'étois, & l'avoir prié de se lever, par quel hasard, luy dis-je, Monsieur, revenez vous à moy, & qui vous a instruit de toutes les choses que vous m'apprenez. C'est, dit-il, Mademoiselle de la Force, par cette Lettre qu'elle me vient d'écrire, elle est à la campagne depuis quelque tems, voyez de grace ce que cette perfide me mande, j'ouvris sa Lettre avec empressement, & j'y lû ces parolles.

Ne pensez qu'à vous vanger de la piece que je vous ay

P

ay faite, quoy que j'en sois déja assez punie, puis que je me resoud de l'avoüer, je vous aimois & je comprenois un plaisir extrême à être aimée de vous, c'est ce qui m'engagea de vous persuader que Mademoiselle de Saint Brisson écoutoit favorablement un autre, & je vous fis sur ce Chapitre mille tromperies, que je me reprocheray le reste de ma vie, ce n'est pas même la seule peine que j'ay à craindre de cette trahison, car en essayant de vous donner de la tendresse pour moy la mienne pour vous a beaucoup augmenté, & cependant je viens de me marier, vous resterez surpris que cela se soit pû faire sans que vous l'ayez l'ayez même soupçonné les égards ont prevalu en ce rencontre sur mon inclination; jugez de mon desespoir, enfin j'ay un Mary de robe, Bourgeois, de méchante humeur, & soupçonneux ; vous m'êtes encore infiniment cher, & pour vous obliger à me haïr & me guerir si je puis de l'attachement que j'ay pour vous (car vôtre haine en est le seul moyen) je vous apprend le mal que je vous ay fait, ne me le pardonnez jamais, je vous en conjure, si vous étiez capable de l'oublier & de m'aimer toûjours : que sçay-je, helas ! ce que je serois capable de faire en vôtre faveur.

Cela s'appelle, dis-je, en lui rendant cette lettre, que vous revenez à moy quand une autre vous quite, mais, Monsieur, j'ay pris déja mon parti, & je suis incapable d'un retour aprés ce que vous avez fait. Il me pressa alors d'un ardeur sans égalle de vouloir luy pardonner, il y employa les termes de la plus fine galanterie & du plus tendre amour, je ne me rendis en apparance a rien, quoy qu'en effet j'eusse une violente envie de tenir une autre conduite, mais j'avois resolu de luy faire achêter sa grace; il continüa de me voir plusieurs fois sans que j'en parusse touchée, & je vous assure que mon cœur eut de si crüels combats à soutenir contre ma fierté, que dans la violente contrainte que je me faisois, j'étois quelque fois sur le point d'expirer. En ce même tems mon Frere eût un démélé contre un

Offi-

Officier aux Gardes, ils se batirent, il le tüa, & sans tarder il partit pour Hollande. Jugez si j'avois besoin de cette augmentation de douleur; helas! je n'en avois déja que trop, je demeurai accablée de ce dernier coup: mais comme s'il n'eust pas encore suffi, le Comte de Revel, rebuté de mes duretez m'écrivit ces mots.

Je vous aime & vous me haïssez, je suis innocent, vous me traitez en coupable, désesperé, malheureux, je pars enfin, & vais chercher la mort, puis que vous refusez de me conserver la vie.

Ce billet me coûta des larmes de tendresse. J'envoyai luy dire de venir chez moy, & je brûlois du desir de le revoir & de luy pardonner : mais ma destinée toûjours fatale voulut encore cette fois là qu'il fût déja parti, quelle attaque juste Ciel, pour mon cœur affligé. Je reçeû peu aprés des nouvelles de mon Frere, sa lettre étoit en ces termes :

Vôtre absence, ma chere Sœur, fait apresent la plus sensible de mes peines, si vous m'aimez autant que je vous aime, vous me permettrez de chercher les moyens de nous unir; je ne puis retourner où vous êtes, ne voulez vous pas bien venir où je suis! nous vivrons ensemble, & déja il s'offre un parti si avantageux, que vous auriez le plus grand tort du monde de le refuser. Je vous en instruirai,

rai, ma chere Sœur dés que vous m'aurez apris que vous n'avez point d'opposition pour vivre en Hollande, c'est le plus agréable pays de l'Europe, & rien n'y manquera à ma satisfaction si je vous y vois.

Toute autre saison que celle où je venois de perdre ma Mere & mon amant, je n'aurois point écouté la proposition de mon Frere: mais il me restoit en France si peu de personnes pour qui j'eusse un veritable attachement, que je fus ravie de l'occasion qui s'offroit pour en sortir, & il me sembloit qu'en quittant Paris, je m'éloignerois de mes peines, comme si celles du cœur ne nous suivent pas également par tout. Je me déterminai donc, & au bout de quelque jours je fis cette réponce à mon Frere.

Quelque raison que j'aye pour craindre un engagement, je donnerai volontiers les mains à celuy qui nous fera vivre ensemble. Concluëz tout ce que vous voudrez, mon cher Frere, je vous promêt d'y soûcrire.

Aprés cette réponce, mon mariage ne tarda guerre à être arrêté, & mon Frere m'écrivit que je pouvois partir sur sa parole, & qu'il m'avoit promise à un homme qui étoit un des premiers dans les Etats, qu'il avoit du merite, de la naissance & de grands biens. Je restai à Paris le tems qu'il falloit pour donner ordre à toutes choses, je fis un Equipage tres propre, & je pris le chemin de Flandres, parce que je je craignois la Mer; je me voulus arrêter quelques jours à Bruxelles pour m'y reposer, & voir les beautez de cette Ville; je la trouvai fort agreable, & ayant sçeû qu'il y avoit un grand bal chez la Princesse de Vaudemont, il me sembla que je ne pouvois prendre une meilleure occasion pour voir les Dames. J'en connoissois déja quelques unes qui étoient venuës à la Cour de France, & nous fîmes partie ensemble pour aller en masque chez la Princesse. J'étois vêtüe en Egiptienne, d'une maniere assez galante & magnifique, j'embrassai sous cet habit. La Comtesse de Grimbergue, la Marquise de Spinola, la Comtesse de Taxis, je dis la bonne avanture à la Comtesse Duvel, & à sa fille, à la Princesse de Rache, & à la Princesse de Ligne. J'avois pris soin de me faire instruire de leur

nouvelles, & elles étoient surprises de mon sçavoir; mais enfin il en vint tant les unes pour me questionner, & les autres pour me regarder, que je les priai de me laisser un peu en repos, & je me retirai dans l'endroit de la Salle le plus reculé; il y avoit peu que j'y étois lors qu'il vint un homme se mettre auprés de moy, je j'avois remarqué déja, parce qu'il avoit dancé merveilleusement bien, & j'eus le tems alors d'admirer avec plus d'attention sa bonne mine, ses cheveux & sa taille. Quand il me parla, je luy trouvai quelque chose de si delicat, & de si juste dans l'esprit que j'en restai touchée; je ne pensai plus à ce qui ce passoit dans le bal, & tant qu'il dura, je me divertis tres bien à voir & à entendre ce Cavalier; il me conjura de luy permettre de venir chez moy, & je l'aurois fait avec plaisir, sans que
je

je craignois de le connoître trop; il est dangereux disoy-je en moi-même de voir souvant ce qui nous semble aimable, je suis dans des circonstances qui me le deffendent, si j'allois prendre un nouvel attachement. Que ferois-je, helas! moy, qui ne suis pas encore guerie de celuy que j'ay eû pour le Comte de Revel, & qui ne sçay si celuy que je vais epouser est digne de mon cœur, aprés toutes ces reflexions je dis à ce Gentilhomme, qu'il ne songeât pas à me rechercher, parce que je ne pouvois le recevoir, que j'avois suffisamment des raisons pour le refuser avec justice, & faisant un effort sur moy-même, je sortis de la Salle, je vous avoüe que j'eus beaucoup de peine à m'en separer, & malgré moy, je pensai en luy le reste de la nuit. Je me repentis même plus d'une fois de luy avoir ôté la liberté de me voir, mais il la prit quoy que j'eusse pû luy dire, & le lendemain il vint chez moy, & me parût tres bien instruit de mes affaires; où allez vous, Mademoiselle, me dit-il? Et à qui vous a-t-on sacrifiée? Celuy que vous voulez épouser est âgé, bouru, & le plus jaloux des hommes; vous serez infiniment malheureuse avec luy; je le connois, je l'ay vû à la Haye, & nous aurions été amis s'il avoit pû devenir d'une humeur plus humaine: mais c'est un sauvage qui vous fera peur par sa personne & par sa conduite; il luy fut bien aisé de m'effrayer, rien ne me parloit pour l'absent, & tout me plaisoit en celuy que je voyois, vous le dirai-je, Monsieur, c'étoit le Comte de Monbasile, il me charma par ses soins, & m'engagea si fort par ses sermens, ses prieres, sa personne, & son amour, que je me rendis

à l'excés de sa passion, & je resolus avec luy de ne point aller en Hollande, & de l'épouser à Bruxelles, la chose étoit bien delicate; car l'Epoux que mon Frere me destinoit étoit puissant ; mon Frere emporté & le Comte hors de son Pays, il étoit venu de la Cour de Savoye avec le Comte de Preting, qui étoit pour lors Ambassadeur en Angleterre, il ne vouloit pas retourner en Italie sans avoir vû la Hollande & la Flandres, ainsi la curiosité le conduisit à Bruxelle, & il y cherchoit tous les plaisirs qui conviennent aux gens de son âge, lors que j'y arrivai, aprés m'être absolument déterminée à ce qu'il souhaitoit si ardemment, il fallut prendre des mesures bien justes, pour que qui que se soit au monde ne le sçût. Je renvoyai tous mes gens sous des pretextes

tes les plus apparents que je pûs trouver, il m'épousa à Nôtre Dame du Lac, c'est un Eglise prôche de Bruxelle, & pour que mon Frere, ne fût point informé de la route que nous voulions tenir, & qu'il ne pût nous suivre & nous arrêter, nous changeâmes de nom, & nous fûmes en diligence nous embarquer pour venir icy, où nous attendons des nouvelles de ce qui se passe en Hollande sur nos affaires ; Cependant, quoy que j'aye tout sacrifié pour mon Epous, il semble qu'il n'en est pas contant, il est méfiant & jaloux, & sa méchante humeur est beaucoup augmentée, parce qu'en arrivant le Duc de Bouquingham me vît sur le port, & s'attacha, malgré moy, à me suivre, il semble avoir les chagrins du Comte de Monbasile,
que

que je consents, aux empressements du Duc, & il me rend même responsable des extravagances du public. Je vous avoüe que rien n'est plus propre a revolter mon cœur, & que d'injustes soupçons de la part d'une personne, qui m'est si chere. me donnent d'étranges mouvements d'impassience ; elle fut empêchée de continuer son discours par une grande abondance de larmes, qui me toucherent sensiblement, je luy dis là dessus tout ce que je crû propre à la consoler, & le Comte étant de retour, je luy parlai en particulier, & le conjurai d'en user mieux qu'il ne faisoit avec une personne si charmante & si aimable, il justifia sa jalousie sur la force de son amour, je continüai de les voir avec beaucoup de soin & de plaisir, tant que je resté à
Lon-

MEM. DE LA COUR

Londre mais enfin, après y avoir fait un long séjour j'en partis pour chercher de nouvelles avantures.

FIN

www.ingramcontent.com/pod-product-compliance
Lightning Source LLC
Chambersburg PA
CBHW050804170426
43202CB00013B/2550